U0447219

本书由国家社科基金重大委托项目"中国节日志"子课题
"中国节日影像志·摆古节"（项目编号：YXZ2015009）资助

中国侗族研究丛书

记忆的狂欢：
清水江边瑶白侗寨摆古节的民族志研究

李生柱　杨安亚　著

中国社会科学出版社

图书在版编目（CIP）数据

记忆的狂欢：清水江边瑶白侗寨摆古节的民族志研究 / 李生柱，杨安亚著. —北京：中国社会科学出版社，2020.7

（中国侗族研究丛书）

ISBN 978 - 7 - 5203 - 6718 - 9

Ⅰ.①记… Ⅱ.①李… ②杨… Ⅲ.①侗族—民族节日—研究—锦屏县 Ⅳ.①K892.372

中国版本图书馆 CIP 数据核字（2020）第 115247 号

| | |
|---|---|
| 出 版 人 | 赵剑英 |
| 责任编辑 | 王莎莎　刘亚楠 |
| 责任校对 | 张爱华 |
| 责任印制 | 张雪娇 |

| | |
|---|---|
| 出　　版 | 中国社会科学出版社 |
| 社　　址 | 北京鼓楼西大街甲 158 号 |
| 邮　　编 | 100720 |
| 网　　址 | http://www.csspw.cn |
| 发 行 部 | 010 - 84083685 |
| 门 市 部 | 010 - 84029450 |
| 经　　销 | 新华书店及其他书店 |

| | |
|---|---|
| 印刷装订 | 北京市十月印刷有限公司 |
| 版　　次 | 2020 年 7 月第 1 版 |
| 印　　次 | 2020 年 7 月第 1 次印刷 |

| | |
|---|---|
| 开　　本 | 710×1000　1/16 |
| 印　　张 | 16 |
| 插　　页 | 2 |
| 字　　数 | 231 千字 |
| 定　　价 | 98.00 元 |

凡购买中国社会科学出版社图书，如有质量问题请与本社营销中心联系调换
电话：010 - 84083683
版权所有　侵权必究

# 中国侗族研究丛书编委会

**编委会主任：**
石培新　韦　维

**编委会委员：**
余维祥　严　肃　肖振猛　郭　文　邬卫东　熊世桓
王平瑞　李　佩　余乐正　石　林　龙宇晓　石含洲
吴亚平　陈志永　李生柱　秦秀强　王章基

**主持单位：**
贵州山地研究院山地人文社会科学部
贵州师范学院中国山地文明研究中心

**丛书主编：**
龙宇晓

# 迈向中国侗族研究的新境域

## ——"中国侗族研究丛书"总序

### 龙宇晓

中国是一个多民族国家,正是各地方民族文化的千姿百态,共同造就了整个中华文化的博大精深和丰富多彩,从而使中华民族共同体拥有了得天独厚的文化多样性底蕴和由此形成的文化资源软实力。而侗族作为中华民族大家庭的一员,一方面创造、发展和传承了具有鲜明特色的民族文化;另一方面则早就在历史的长河中与周边其他民族形成了"我中有你、你中有我"的共生依存关系。尽管语言学界对于侗族语言系属还存在着不同的观点,但侗族是我国古代百越族系后裔这一点,却是民族学和历史学界都一致公认的学术定论。无论是从其百越先民时期,还是从首次出现本族特有族称记载("仡伶""仡榄")的北宋时代算起,侗族这个群体其实都早已与神州大地上的其他民族形成了密切互动和交融的关系,对中华民族共同体的缔造做出了自己的贡献。正如著名人类学家和民族学家梁钊韬先生在《百越对缔造中华民族的贡献》(《中山大学学报》1981年第2期)一文中所说的,"数千年来,百越民族与羌彝系统诸民族、苗瑶系统诸民族不断交往,相互融合、混血,成为中华民族的成员民族,为缔造中华民族文化及保卫我国边疆作出了伟大的贡献"。从这个角度出发,显而易见,今天我们深入研究侗族的历史和文化,无论是对于侗族人民提升文化自觉和文化自信,还是对于增强少数民族的国家认同、进一步铸牢中华民族共同体意识,无疑都有十分重要的学术价值和现实意义。

　　在漫长的帝制时代里，帝国皇权的空间演化不断重塑着政治的和文化的边界，侗族所在的区域从自在自为的"蛮荒"或"化外之地"逐渐被吸纳为边陲；而随着时间的推移，这些边陲又不断地非边陲化。但是，贯穿了这条历史长河的帝国主流文化话语体系却似乎从来就不曾承认过边陲族群存在的合法性或正当性。对于那些被纳入了版籍的边陲族群而言，尽管他们继续存在，可他们的文化连同其族群身份一道，常常会被官儒们表述为没有主体意识的奇风异俗，总是以一种妖魔化和野蛮化的形象出现在主流话语里。在新中国民族平等政策和民族区域自治制度到来后，才扭转了这业已延续千年的历史轨迹，使多民族共生发展的认知成为一种共识，使民族身份的认同表达成为社会常态，让许多茧封和遮蔽在深山偏隅里的族群文化得以被知晓、被激活而获得了新生。

　　如果不是 1950 年代初中央民族访问团和少数民族社会历史调查队的到来，解除了来自以往一元化帝国历史的厚重的话语遮蔽；如果不是新政权的民族平等政策彻底颠覆了由上千年的受歧视压迫经历积压而成的深深的族群疑惧，很难想像现在称之为"侗族"的这群"蛮夷"同胞会如此毫不畏缩且十分自豪地将他们那尘封多年的民族身份亮出来，并使之成为自己所属的国家公民身份的核心组成部分。

　　据此我相信，侗族作为一个族体乃是一种本体论意义上（ontological）的存在，不仅有着一系列的文化特质和时空关系结构作为物性的依托与标帜，也有着相同的集体境遇记忆和厚重的历史谱系作为亲缘感的基础，而且更是侗族精英代表在民族区域自治的制度框架下发挥主体性和能动性，与政府互动协商、与其他相关力量博弈共进的结果。西方一些人类学学者不分青红皂白地一味将中国的少数民族加以"解构"，斥之为目的论意义上（teleological）的威权政治创造物，显然有失偏颇，甚至恰恰可能有着难以言说的意识形态偏见或目的论。我十分赞同潘蛟教授在《解构中国少数民族：去东方学化还是再东方学化》（《广西民族大学学报》2009 年第 2 期）中作出的批判，那种把中国少数民族想象成完全没有主体性和能动力、任人摆布和任意组构之玩偶或创造物的观点,不过是对中国少数民族"再东方学化"的畅想,根本经不起迪尔凯姆和莫斯社会人类学意义上的民族志"社会事实"(Facto Social/Facto Social Total)的检验。

谈到侗族的本体存在,便不由自主地想起费孝通先生提出的"多元一体"学说。1988年秋,这位享誉全球学术界的中国民族学大师在著名的"坦纳讲座"(Tanner Lectures)上首次明确而系统地阐述了中华民族多元一体格局的理论,不仅为中华各民族认同与贡献的"客位论述"提供了指导性的学术框架,也给不同民族在这个格局中的自我文化表述赋予了话语正当性。按我的理解,他所说的中华民族多元一体格局至少应包括两个层面上的内容:不仅中华民族这个整体是多个民族在近现代民族国家建设的框架下整合而形成的超级共同体,就连中华民族的各个具体成员族群也几乎都是多元一体的民族单位。

以侗族为例来说,其内部不仅有南北两个方言区,而且各方言区里还有许多不同的支系,有的自称为Gaeml或Geml,有的则自称Jeml。譬如,湘黔桂边区的三省坡一带侗族就有Jeml Laox、Jeml Tanx、Jeml Jaox等不同支系之分,贵州黎平和从江等地的侗族则又有"天府侗""河边侗""高山侗"之别。这些不同支系之间在方言土语、文化习俗等方面有异有同,究竟是什么样的因素和何等的机制使得他们能够求同存异,一方面顽强地保持如此多样化的文化自在;另一方面却维系着如此执着而同一的民族认同呢?对这一问题的解答,还有待于我们对侗族进行跨方言、跨支系、跨区域的多学科比较研究。揭示侗族内部的文化多样性与民族认同一致性之间的关系,不仅能够促进对侗族形成过程和机理的认识,而且有助于深化我们对中华民族多元一体格局理论的理解。毕竟,正是由于有着像侗族这样一个个支系纷繁的多元一体民族的存在,才构成了中华民族多元一体的整体格局,使中华文明充满了丰富的内涵,这似乎也正好应验了人类学巨匠列维-施特劳斯在其经典著作《结构人类学》中写下的那句名言:"文明意味着具有最大限度多样性的文化之间的共存。文明甚至就是这种共存本身。世界文明不是别的，只能是保持着自身特点的各种文化在世界范围内的联盟。"

但是，在当今我们所处的这样一个复杂多变、各种机遇与风险并存的全球化生境中，一个民族要想实现可持续发展，就再也不能仅仅满足于保持文化自在与认同，而必须实现从文化自在到文化自觉的跨越。文化自觉，诚如费孝通先生所指出的："是指生活在一定社会中的人对其文化有'自知之明'，明白它的来历、形成过程、所具的特色和它发展的趋向……自知之明是为了加强文化转型的自主能力。"开展对侗族的全方位、多视角、跨学科的研究，正是推动侗族文化自觉的必由之路。

近现代学术意义上的侗族研究起步较晚，论及侗族的人类学民族学论著虽然可以追溯到20世纪初年，但最早专门研究侗族的成果却只有20世纪三四十年代李方桂的侗台语调查报告、陈国钧《侗家中的鼓楼》（1942）和梁瓯第的《车寨社区调查》（1947）等成果。而专门对侗族开展较大规模的调查研究，则是新中国成立之后才出现的事情。值得注意的是，与中华民国时期侗族语言文化论述作者均为"他者"的情形不同，在20世纪五六十年代国家组织开展全国少数民族社会历史调查期间，侗族社会历史调查小组的骨干成员中身为侗族的知识分子占了绝大部分，包括来自贵州侗区的向零、伍华谋、张民、周昌武、张士良，来自广西侗区的石若屏、陈衣、陈维刚，来自湖南侗区的杨权、吴万源、杨成权，等等。侗族知识分子们积极参与国家组织的侗族社会历史的调查研究，并编著了一批颇有影响的论著（如《侗族简史》），那这算不算是一种文化自觉的践行或其良好的开端呢？我认为答案是肯定的。

如果说20世纪中叶这场以重新发现和建构历史为主旨的侗族知识生产活动带有过于浓重的"国家在场"痕迹且还局限于人数不多的侗族精英的话，那么1987年以来，一系列侗族学术社团的成立及其所开展的活动则表明侗族人在文化自觉方面的努力已经拓展到了更为广泛的范围，进入了一个新的阶段。1987年成立的侗族文学学会（中国少数民族文学学会侗族文学分会）、1989年成立的贵州省侗学研究会、2006年成立的湖南省侗学研究会、2007年成立的广西侗学研究会，以及一些地州县先后成立的侗学研究会，都凝聚了大批有志于探讨侗族历史、侗族语言与侗族文化的侗汉等各族人士，旨在"明白它的来历、形成过程、所具的特色和它发展的趋向"。

改革开放以来，我们对我国侗族研究成果在数量上的显著增长、在研究深度和广度上的不断提高都有目共睹。中国知网和读秀等文献库的检索数据显示，目前以侗族为题的期刊论文数目至少在6000篇以上，著作至少700部以上，硕博学位论文近500篇，尽管相比壮族、苗族或彝族的研究而言还显得薄弱，但就自身的纵向发展而言已蔚为可观——近年来每年的发文量都在200篇以上，而20世纪80年代每年平均发文量还不到30篇。纵观近百年的侗族研究，特别是近一二十年来的侗族相关著述，成绩固然可嘉，但也存在一些值得注意的问题。除了学科方法还比较单一、跨学科交叉的力度还有待加强之外，有些或多或少具有一定普遍性的倾向更令我感到不安。对于这几种论述范式或话语倾向，姑且可将之概括为"六化"：原始化、浪漫化、同一化（刻板化）、单一化、溯古化、应时化。

首先，说一说"原始化"和"浪漫化"的问题。这里所谓的"原始化"，就是深受古典单线进化论的影响，将侗族的某些习俗或元素（如尊重女性、萨玛女神崇拜、"不落夫家"、舅权、夏威夷型亲属称谓）解释为原始社会的残余或表征，将早期人类学关于原始社会的论述套到侗族身上，或选取一些侗族文化现象来对所谓的原始社会进行演绎。这种时空穿越式的论述倾向在20世纪80年代比较普遍，近来已不多见，但还是会不时出现。而所谓"浪漫化"，就是把侗族传统文化的一切都描述成美轮美奂的生活图式、浪漫优雅的田园牧歌，譬如有些学者将侗族老人怀旧想象中作为传统社会理想类型的"款组织"当成了社会事实，建构了自己对侗族社会秩序模型的浪漫学术想象；而有人则将侗族传统生态知识的意义过度夸大，想象成了当代环境治理的浪漫神器，这些浪漫化的论述，就如欧洲启蒙运动时代思想家卢梭等人对于"高尚野蛮人"（Noble Savages）的想象一样，看似可以增强文化自信，实则脱离现实，不过是作者对自己心里的"他者"理想类型的学术想象和建构而已。

其次，谈一谈"同一化"和"单一化"的倾向。"同一化"，其实也可称为"刻板化"，这是近年来在侗族研究中比较突出的一种倾向。众所周知，鼓楼、风雨桥、大歌是侗族文化中比较重要的关键符号，但事实上并不是所有地区的侗族或侗族支系都有这些文化事象，譬如北侗就既无大歌也已没有鼓楼。然而目前侗族研究的很多著述都是言必称鼓楼或大歌，眼睛总是只聚焦于有鼓楼和大歌的地区，而忽略了侗族其他地区许许多多的丰富文化内涵。这对于全面了解侗族、推动侗族研究深入发展显然十分不利，甚至还严重误导了不少侗族地区的文化遗产保护、乡村发展规划和旅游开发走向。周大鸣教授在《行政的边缘 文化的中心：湖南通道上岩坪寨田野调查报告》（民族出版社，2014）一书"总结与反思"章里对侗族地区村寨规划与研究中的这种严重"同一化"的倾向提出了批评，并郑重地提醒我们"侗文化本身就是多样化的"。我认为这是十分中肯而有益的意见，值得侗族研究界注意和采纳。而所谓"单一化"，则包括两个方面的倾向，一是研究中的单一民族化；二是研究视角的单一化。侗族地区与其他民族长期交流和融合，形成了犬牙交错的分布格局，在村寨社区层级范围之外的很多地方，其实都处于侗族与其他民族共居共建的状态，但许多论著却没有把那些与侗族水乳交融的周边民族及其文化考虑进来，而只是孤立地就侗族谈侗族，使研究脱离了实际的多族互动语境。与此同时，一些文化事象根本就不是侗族独有的（譬如冲傩仪式），但不少论文却倾向于将其作为侗族特有之物来论述，而没有放置到多民族共有的文化这一框架下来进行比较分析和理解。此外，研究视角的单一化也是长期存在的问题之一，许多关于侗族特定文化事象的著述，缺乏整体论、跨学科、多方位或主客位交互的视角，局限于就某事象而谈某事象，不与其他事象联系起来考量，因而难以全面深入地揭示其内涵和意义。

最后，讲一讲"溯古化"和"应时化"的倾向。这里的"溯古化"有两层含义，其一是目前关于侗族文化的不少论著似乎都过于偏重所谓的传统文化，倾向于对已经逝去的传统进行浓墨重彩的梳理性和建构性论述，而轻视对当下活着且演化中的侗族文化实践的深描记述，好似侗族文化就静态地停滞在传统之中、不再向前演化一样；其二是动辄就要为侗族的某种文化事象去寻找一个越古越好的起源，要么攀附到秦汉隋唐名人望族中，要么不惜笼统地追溯到所谓的"原始氏族社会"，这往往与前边提到的"原始化"倾向交织在一起。其实，由于史料匮乏，侗族绝大多数社会文化事象的起源都并不可考，那些关于侗族姓氏和家族起源的汉字家谱内容里充斥着许许多多的攀附虚托之物，叙事史诗《美道》中的"破姓开亲"故事也不可能是什么原始社会氏族外婚制度的历史写照，而很可能只是对该史诗流传地区侗族聚落世系群发生半偶（moitiés）分裂而导致婚姻圈变化所作的"宪章式"合理化解释而已。与"溯古化"相对的另一个极端就是"应时化"。应时应景炒作是当前很多学科领域的通病，侗族研究也不例外。学术为现实发展服务，达到经世致用的目的，是学术界天经地义的最高理想追求之一。但遗憾的是，一些论文并没有将时代精神贯彻到侗族实际问题的调查研究中，去发现新问题并提出解答，只是将各个新时期的时髦词句和话语套到侗族身上来炒炒冷饭、发发议论、喊喊口号而已，对于认识侗族社会文化新动向、促进侗族社会发展毫无裨益。

侗族研究的现状及其以上这些不足之处，说明这个领域远未进入成熟期，尚处在科学学家普莱斯（Derek J. de Solla Price）所说的学科领域初期发展阶段。换言之，侗族研究还有很大的发展空间，许多研究主题上的空白需要我们去填补，许多学术问题需要我们去分析和解答，许多的不足之处也亟待我们去弥补和超越。我和贵州山地研究院人文社科部的中国山地民族研究中心之所以会响应侗族研究界一批资深专家学者的建议，主持编写出版这套"中国侗族研究丛书"，就是希望借助新时代赐予的良机，在前人成就的基础上，尽力推动这个研究领域快速而稳步地走向纵深发展。

基于对国内外学术动向和上述问题的思考，"中国侗族研究丛书"在著作选题上优先选择了之前没人调查研究过的侗族社区或侗族文化事象，在研究方法上则优先支持那些具有整体论、跨学科、多视角、深度描述等研究取向的选题。丛书首批书目计划中的《侗语语音语法及名物的多视角研究》《记忆的狂欢：瑶白侗寨摆古节的民族志研究》《侗族武术文化传承之道：两个"侗拳之乡"的比较研究》《中国侗族大歌的生态记录与研究》《河运码头侗寨的石刻记忆：三门塘等地濒危碑刻的抢救性整理研究》《侗医指号学：侗语疾病医药命名与分类的跨学科研究》《侗匠记忆抢救录：贵州侗族传统建筑老匠师的口述史研究》《侗族山地林业史》《北侗生活世界中的礼与俗》《追寻本体的身影：百年侗族论著的知识图谱分析》等，基本上都是作者基于自己的长期田野调查或对第一手资料的扎实把握而写成的学术专著，就研究主题而言都是研前人之所未研、发前人之所未发的填补空白之作。希望这些成果的出版有助于丰富侗族研究的内涵、增强侗族研究的深度、提升侗民族的文化自觉，在推动侗族研究迈向更高学术新境域的同时，也为我们铸牢中华民族共同体的伟大实践奠定更加深厚的知识根基。

2019 年 5 月 6 日写毕于深圳<br>2019 年 5 月 8 日修改于复旦

# 序

在2015年11月底，我有机会来到黔东南锦屏县瑶白侗寨考察，这里优美的风景，古朴的民风，以及还在发挥作用的寨老制度给我留下了非常深刻的印象。近几十年来，中国乡村正处于十分剧烈的变迁之中，很多村庄不可逆转地走向了凋零，像瑶白这样的村寨已不多见。正因如此，我很高兴能看到李生柱副研究员的这本关于瑶白摆古节的专著出版，也很乐意为这本书写一个序文。

这本书是关于一个少数民族传统节日的民族志书写，从书中翔实的内容来看，作者是下了一些田野功夫的。我认为，一村一寨都有自己的文化传统，照理说，乡村离我们很近，我们的祖辈就生活在那里；但又离我们很远，要用很多学问才能看透它。从这个意义上来讲，乡村的历史与现状值得我们追究，因为现在的很多现象把它的历史都掩埋了。这本书虽然是关于瑶白侗寨中一个节日的研究，但作者却敏锐地发现"摆古节犹如织梭，穿针引线，在时空之中编织成村寨的文化与关系网络"，并在全书的结构框架中也以此立意，巧妙地以摆古节为线索串联起整个村寨的文化脉络。这种思路或许为我们认知乡村文化提供了一些启示。

我一直坚持认为，乡村其实就是老百姓的生活，恰恰这一点是需要花费很大的气力才能把握的乡村最内核、最根脉性的东西。乡土生活的现代价值无疑是我们建设创新型国家和现代生态社会所珍惜的，它是推进城镇化进程的驱动力，是社会进步必不可少的组成部分。2010年上海世界博览会提出的口号是"城市,让生活更美好"。这一口号是在全球语境下提出的,与目前社会发展阶段相适应,时代特征鲜明。但是,"城市,让生活更美好"这一口号并非都能用于中国所有地区,比如,像贵州省就不能跟着走,贵州省应该是"城市与乡村要有良好的互动,才能让生活更美好"。贵州山地村寨的发展变迁应该引发我们对现代化的理性思考。

乡村的价值是多方面的,除了商业价值,更重要的还应包括生态文明与社会和谐构成的乡愁。在2013年底召开的"中央城镇化工作会议"上,习近平总书记提到:"让城市融入大自然,让居民望得见山、看得见水、记得住乡愁。"随后2014年初的"一号文件"再次加强了这个信息。乡愁是什么?到底要留住什么?我觉得,乡愁不是一种怀旧,不是农家乐,也不是逃离城市后寻求休闲的地方,乡愁的真正意义是它的自然和文化生态。中国有着非常古老的生态文明,经过漫长的农耕文化以及时代的不断凝练,它的社会和谐能力、乡土社会的自制和管理能力非常的发达,这些是构成中华文明的重要组成部分,甚至是一种主要的载体,它延续着中国的文化传统。因此,这种生态文明在某种意义上是社会发展的重要基因。

值得庆幸的是,瑶白侗寨至今仍保存着较为完好的民族文化与礼治传统,也就是保存着能找寻到的那份乡愁。当我们优良的文化传统在城市中快速消亡的时刻,像瑶白侗寨这种欠发达地区却还能保存着未来发展的基因,这不能不说是一笔不可或缺的财富,因此,我们要留住它。从另一个角度来看,乡土是社会发展的重要文化基因;乡土是文化创新发展的重要源泉。换言之,在全球范围内,文化的多样性是人类未来创造的源泉,未来全球化的秩序就是使具有不同文化的人能在一起和谐相处。而中国是一种什么样的文化传统呢?著名历史学家汤因比(Arnold Joseph Toynbee)曾对中国传统文化做了很多概括性的论述,他提到,中华文明是把多种不同文化融合在一起共同发展的能力，在全世界范围内都无与伦比。我们同样也能以此来认知中国乡村。乡村是多样性的，是各异的，而非同质化，这也是我们怀念起家乡的时候各有各的不同的原因之一，这些东西都是文化的创造性源泉。那么，对于真正的乡土社会的价值，我们可以从时间和空间的两个维度来理解。从时间上看，乡土社会传承着非常悠久的历史文化；从空间上看，它代表了多样性，从这两个价值维度来理解我们未来社会的发展是非常重要的，它不仅能论证中国乡土特色的合理性，也论证了中华文明的自我生长能力和自我延续的合法性。因此，我们要从传统当中寻找解决现代及后现代社会问题的钥匙。我个人认为，从宏观上来说，人类解决未来问题的很多方法在于他的童年，在于他早期的智慧，就像中国近两千年以来一直提到的"天人合一"，人与自然的和谐统一。乡土社会的这种价值是国家运用公共资源保护遗产的基本落脚点，也是乡村合理性存在的根基。

学者与村民之间的关系涉及一个深刻的文化公平的道理。从宏观上看，整个社会对乡土社会的文化生态是不公平的，包括学者的进村调查也未必就那么公平。我在音乐学界就常批判"采风"这个词，我说，大家都是蜜蜂，到了农村刷刷采蜜，采完了就走，写一篇论文，然后你就评完职称了。但是，这村落怎么样了，难道它就是你讲的一段故事？那它永远在那儿，就等着你讲呢，你要是不讲，它还不灿烂呢。这些都是值得我们学者深思的问题。比方说人类学界提倡的"深描"，对村民生活的深刻描述，我说："我们所有学者在村落的田野笔记能还给村民吗？"在人类学界，我跟几位专家讨论过这个问题，他们说："好像不行。"我就说："那你跟人家在那儿了解的情况都不能告诉人家，这本身就不公平，你有偷窥之嫌。"但的确人类学很多的田野作业不能把结果跟社区说，因为写得太深。这就是追究"公平"一词，我想先从我们自己学术上的一种人文关怀、一种学术理念开始吧，因为我觉得毕竟人文学科是一个关乎人的学科。真正尊重乡土，尊重人的生活，尊重所有人，是一个基本的学术素养。在这方面，李生柱副研究员便做得很好，他与当地村寨精英共同合作完成这本书的写作，借助"局内人"的视角来理解村落文化，算是一种相对公平的表现吧。

李松

2019年9月10日

# 目　录

引言 …………………………………………………………（1）

**第一章　瑶白：大山深处的古侗寨** ……………………（7）
　　九寨侗乡 …………………………………………………（7）
　　村寨历史 …………………………………………………（10）
　　屋山头 ……………………………………………………（14）
　　传统建筑 …………………………………………………（20）
　　日常生活 …………………………………………………（37）

**第二章　信仰礼俗：侗家人的神圣世界** ………………（44）
　　村寨庙宇 …………………………………………………（44）
　　招龙谢土 …………………………………………………（47）
　　祭拜古树 …………………………………………………（49）
　　小儿关煞 …………………………………………………（52）
　　民间禁忌 …………………………………………………（56）

**第三章　岁时节日：瑶白人的时间制度** ………………（58）
　　春种冬闲 …………………………………………………（58）
　　四时八节 …………………………………………………（62）

## 第四章　长桌摆古：节日组织与流程 ……………… （85）
　　摆古节的来历 ……………………………………… （85）
　　节日组织 …………………………………………… （87）
　　节日流程 …………………………………………… （91）
　　坚守与嬗变 ……………………………………… （107）

## 第五章　敬天法祖：摆古节与祖先崇拜 …………… （111）
　　祖先观念 ………………………………………… （111）
　　祖坟招魂 ………………………………………… （113）
　　侗家葬礼 ………………………………………… （114）
　　祭祖与敬老 ……………………………………… （125）

## 第六章　回娘家：节日里的亲属实践 ……………… （127）
　　姑娘田 …………………………………………… （128）
　　侗家婚礼 ………………………………………… （129）
　　回娘家 …………………………………………… （143）

## 第七章　放牛打架：节日里的传统竞技 …………… （147）
　　鞍瓦的传说 ……………………………………… （147）
　　水牛的喂养 ……………………………………… （152）
　　牛打架 …………………………………………… （153）

## 第八章　瑶白大戏：节日记忆的艺术呈现 ………… （155）
　　太和班的故事 …………………………………… （155）
　　唱腔与剧目 ……………………………………… （157）
　　脸谱与动作 ……………………………………… （158）
　　表演与传承 ……………………………………… （161）

**第九章 摆古：口头传统中的节日记忆** …… (164)
  拦路迎宾歌 …… (165)
  祥牛踩堂歌 …… (179)
  长桌摆古辞 …… (180)

**第十章 社交的村寨：地域节日体系中的礼物交换** …… (205)

**结　语** …… (208)

**参考文献** …… (212)

**附　录** …… (215)

**后　记** …… (237)

# 引　言

　　贵州境内广袤的山地分布与多族群杂居相处的格局，不仅造就了多样性的地理空间与生物种类，还形成了五彩斑斓的民族民间文化样态，其中尤以丰富多彩的民族民间节日文化最为著名。省内大大小小的少数民族节日活动成百上千，素有"百节之乡"的美誉，如苗族的"姊妹节""龙灯会""四月八"，布依族的"三月三""六月六""跳场"，瑶族的"达努节"，等等。各民族节日内容丰富，各具特色，赛歌、赛马、斗牛、斗鸟、芦笙舞、跳地戏等民族传统民俗事象展演其中，饮酒歌唱的豪放民风与讲究礼仪的礼治传统交相辉映。

　　进入21世纪，全球化、信息化、旅游化、遗产化等浪潮以前所未有的态势不停地席卷、浸透着贵州少数民族地区，各民族传统文化正因此发生着急剧的变迁，呈现出更加流动不居的生存状态。尤其是那些少数民族世代传承的古老节日成为首要目标对象，纷纷被注入新的内容或形式，成为地域发展、经济转型、产业振兴、旅游兴盛、脱贫致富的重要资源，形成"大节三六九、小节天天有"的节庆奇观；随之而来的是，贵州少数民族节日的传统基因正在迅速消逝，节俗内容日渐舞台化、同质化，传统节日在家庭、社区、地区中的角色地位和在社会运行中的意义发生着深刻的变化。由此可见，贵州少数民族节日已然被卷入市场、旅游、遗产、保护、创新等时代主流话语的漩涡，其传统节俗的现代转型成为不可逆转的趋势，而这一变迁过程所呈现出来的多元嬗变的文化景观亟待学者跟踪考察。

事实上，少数民族节日研究一直是国内学界的一个热点，尤其是近几年来在民俗学、人类学、民族学、体育学、艺术学、音乐学、旅游学等多学科的积极参与下，呈现出多点开花的研究局面。概而言之，有如下三大趋势。第一，少数民族节日本体研究。这类研究以某个民族的节日为对象，通过史料收集、文献考证并辅以田野资料，来考察节日的历史源流、节俗内容、节日特征、文化内涵、价值功能等问题，属于宽泛意义上的史学考辨、事象描述和文化思考，是基础性的概论式研究。另外，此类研究的关注点主要是作为事象的节日本身，有时会涉及节日中的其他要素，如节日中的体育、音乐等。第二，以发展视角对少数民族节日进行的应用性研究。这类研究涉及少数民族节日与旅游、文化产业、国家文化建设等方面。第三，少数民族节日的田野研究。这类研究通过田野调查来考察节日，主要关注节日背后的社会组织、亲属关系、信仰仪式和现代变迁等。林淑蓉对侗族节日的研究[1]、简美玲对贵州苗族节日的研究[2]、梁永佳对大理白族节日的研究[3]，均属此类。本书亦是关于少数民族传统节日的田野研究，以贵州省黔东南州锦屏县彦洞乡瑶白侗寨的摆古节为案例，通过近三年连续跟踪调查所获田野资料，探析在全球化和非物质文化遗产保护的背景下贵州少数民族地区的传统节日发生了怎样的变迁，又呈现出哪些新的生存图景。

本书的个案瑶白村处于九寨侗乡腹地，这里是南北侗族交界地带，在村落文化上兼具南北侗族文化的特征，又融合了侗、汉、苗等民族的文化精髓，呈现出一个五彩斑斓、底蕴丰厚的民族文化生态环境。瑶白摆古节是贵州省黔东南侗族北部方言区最富民族与地域特色的传统节日之一。"摆古"即"谈古""说古""讲述过去的故事"，是一种通过特定仪式中的口头演述来祭祀祖先、追忆民族历史的文化形式。长期以

---

[1] 林淑蓉：《生产、节日与礼物的交换：侗族的时间概念》，载黄应贵《时间、历史与记忆》，台北中研院民族所1999年版。

[2] 简美玲：《清水江边与小村寨的非常对话》，新竹国立交通大学出版社2009年版。

[3] 梁永佳：《地域的等级：一个大理村镇的仪式与文化》，社科文献出版社2005年版。

来，没有文字书写传统的瑶白侗家儿女，正是通过年复一年的"摆古"来传承民族记忆、规范社区道德、整肃社会关系、实现村寨自治。然而，在全球化、信息化与旅游化的浪潮中，摆古节亦难逃被官方遗产化之命运，原有的节俗内容与仪式流程不可避免地发生了变迁，传统的祭祀与神秘色彩逐渐淡化，节日形式越来越舞台化、展演化与同质化。侗家人记忆中的家园遭遇冲击，历史的想象受到破坏。以此观之，摆古节可视为西南少数民族地区节庆传统的一个缩影。

然而，在学术研究上，瑶白摆古节依然处于"养在深闺人未识"的尴尬境地。事实上，就整个侗族文化研究而言，一直存在一种重"南"（侗）轻"北"（侗）的格局。南部侗族的学术研究相对丰富，北部侗族文化没有得到应有的重视。瑶白村所处的九寨地区是北部侗族文化的核心地带，目前有关九寨的研究成果虽有不少，但难言丰富，其研究对象多集中在文化变迁、婚丧习俗、宗教信仰与契约文书方面。

早在1994年，秦秀强①以天柱县的一个侗族社区为个案，从历史的纵向角度揭示了明清以来汉文化渗透给该社区所带来的汉化过程与机制。傅安辉、余达忠②运用多学科的视角对九寨地区的民俗文化进行细致入微的描述，并探讨了九寨民俗文化传承变迁的机制问题。

王宗勋③较早地探讨九寨侗族地区的"姑舅表"婚俗的发展变革，他指出"姑舅表婚"是侗族早期的婚姻制度，与刀耕火种的原始经济相适应，虽此后退出历史舞台，但由此诞生出来的"舅公礼"为我们了解那段婚姻演变历史提供了有益的线索。刘彦④考察了瑶白的婚俗改革，作者认为，随着明清以降中央王朝渐次将苗疆纳入其统治范畴和清

---

① 秦秀强：《北部侗族文化涵化的过程和机制——天柱社区的个案研究》，《贵州民族研究》1994年第1期。
② 傅安辉、余达忠：《九寨民俗——一个侗族社区的文化变迁》，贵州人民出版社1997年版。
③ 王宗勋：《侗族"舅公礼"与婚姻制度的变革》，《中南民族学院学报》（哲学社会科学版）1992年第4期。
④ 刘彦：《从"破姓开亲"到"定俗垂后"：清代清水江下游一个苗寨的婚姻改革与社会演变》，《西南边疆民族研究》2018年第2期。

水江木材贸易的兴盛，九寨社会发生了一系列重大的婚俗变革。这一系列婚姻改革，不但促使地方社会结构发生了改变和重组，而且改变了山地民族政治联姻发生的方式，深刻影响了中央王朝与苗疆社会互动的逻辑和行为。傅慧平、张金成[①]基于锦屏彦洞丧葬仪式的田野个案，从生者和生死互动的角度出发探讨了北侗民众的生命观，以及地方原始信仰、儒释道传统对当地葬礼的影响与渗透。

陆景川[②]指出，九寨地区侗族的民间信仰呈现出自然崇拜、动植物崇拜、鬼神与祖先崇拜以及图腾崇拜相互杂糅的局面，同时又与外来的儒释道三教信仰交融并存，最终形成多元一体的信仰景观。刘彦[③]分析了九寨地区"生鬼"的社会现象，指出"生鬼"作为一个人群区隔的本土概念，在地方社会的日常生活中发挥影响。在"生鬼"概念及其实际应用的过程中，不仅成为当地不同村落、不同阶层、不同族群之间社会关系的重要表达，也是人们彼此之间区分亲疏远近的根本原则。在历史发展过程中，由于多方因素的交织影响，"生鬼"虽呈现了某种程度的"熟化"，但此"熟化"在婚姻与宗教文化交织的边界上戛然而止，从而阻断了"生鬼"人群试图通过权力、财富、荣誉这一转换机制改变他们在当地社会的文化身份与被歧视的历史。

九寨地区位于清水江流域，境内保存有大量的契约文书资源。近几年，清水江文书研究方兴未艾，相关研究成果多涉及九寨地区。[④] 2001

---

[①] 傅慧平、张金成：《生命观视阈下的侗族丧葬仪式——以锦屏彦洞为个案》，《贵州大学学报》（社会科学版）2016 年第 2 期。

[②] 陆景川：《九寨侗族的宗教信仰》，《黔东南民族师范高等专科学校学报》2005 年第 1 期。

[③] 刘彦：《"生鬼""熟化"：清水江苗寨社会的"他性"及其限度》，《原生态民族文化学刊》2018 年第 1 期。

[④] 清水江文书的研究成果较多，具体可参见张应强《方法与路径：清水江文书整理研究的实践与反思》，《贵州大学学报》（社会科学版）2018 年第 1 期；《再谈清水江文书研究的历史人类学取径》，《原生态民族文化学刊》2019 年第 1 期。杨军昌、杨宇浩：《清水江文书中的"风水观"与生态环境保护——以苗族、侗族"择吉冢"文书为例》，《中南民族大学学报》（人文社会科学版）2019 年第 2 期。张强：《清代民国清水江流域民间"典当"——基于"清水江文书"的考察》，《原生态民族文化学刊》2019 年第 2 期。张新民：《乡村日常生活与帝国经略政治——关于清水江文书整理与研究的几点思考》，《吉首大学学报》（社会科学版）2019 年第 2 期。

年,王宗勋在《中国档案报》发表《珍贵的锦屏古代林业契约档案》一文,详细介绍了锦屏县境内的林业契约档案文献。龙泽江、傅安辉①对九寨保甲团练事务的档案进行了详细介绍,认为这批文献完整反映了保甲团练制度在侗族地区的实施过程及其社会管理职能,是研究近代侗族社会转型的重要历史资源。

上述成果在九寨研究中具有一定的代表性,为我们打开了了解和认识九寨地区社会文化的窗口,但应者寥寥。具体到九寨地区丰富多彩的节日文化,相关研究更是凤毛麟角,成果寡然。本书选取九寨山区瑶白侗寨的摆古节作为研究对象,基于文献与田野资料对其进行民族志深描。在此基础上,从文化整体观的视角出发,把摆古节放置到其赖以存活的山地生境以及整个区域的节日体系之中去考察,厘清它的来龙去脉与发展变迁;同时,尊重节日的完整性与神圣性,避免节日符号被表层化利用或碎片化截取,以彰显节日的意义与价值。换言之,我们要走出以往抢救、保护或利用的研究套路,摒弃仅以他者的镜像观察节日的外部特征、符号结构等研究范式,真正走向田野现场,回归节日本体,挖掘文化持有者的内部知识与观点,重新评估传统节日对山地族群的社会生活所发挥的深层意义。

山地与溪流交错丛生是九寨境内最为显著的地理特征,这种复杂多变的地理空间孕育出多种多样的族群团体以及多元共生的民族文化,此三者共同编织了一个充满差异性的空间场域和一幅交融互构的人文景观。瑶白人在长期的生存实践中缔造了一套与山地农耕文明相适应的生活方式与地方性知识,由此形成带有山地或高地自然特征烙印的文化生态——山地文化,也就是当地的民族民间文化,摆古节便是其中重要的组成部分。因此,对摆古节考察不仅要考察自然地理语境,更要把握当地民族民间文化生态所呈现出的碎片化、多面相、流动性、神秘性、迷

---

① 龙泽江、傅安辉:《清代贵州清水江流域的保甲与团练——九寨侗族村落保甲团练档案的文献价值释读》,《原生态民族文化学刊》2017 年第 2 期。

惑感等鲜明的山地特征，以及隐匿其中的族群关系、社会组织、礼仪传统以及当地人面对政权统治所采取的多元化的应对策略。

近年来，在民族志、民俗志书写中倡导学者与民众的视域融合，让当地人说话。万建中认为调查者应"有意识地让当地人进入学术书写环节，使之从被书写者转化为书写者""学者与地方文化精英的结合，是提升中国民俗志书写水平的有效途径"①。张士闪倡导当代村落民俗志书写"必须要调动村民和基层文化工作者的深度参与，在文本中彰显民间立场，赋予村落民俗志书写以多层级的文化意义。真正的村落民俗志，即应以写实笔法呈现真实村落生活，向社会提供一份可信的国情资料，其书写过程本身又构成一种社会实践，促进村民在当代乡村文化传承乃至乡村振兴战略中的自觉行动，探索在政府和民间搭建起关于当代社会发展的磋商平台"②。受此启发，本书采用"协作式民族志"（Collaborative Ethnography）的调查与书写方法，与村寨文化精英进行紧密合作，以此实现对村寨文化传统的准确认知与表达。本书的合作者杨安亚是《瑶白村志》的主编，也是笔者调查期间主要的访谈对象，他对瑶白的历史与文化了然于胸，不但精通侗语，汉语写作也是妙笔生花，文采斐然。与他合作不仅能弥补笔者在侗语上的缺陷，而且也能有效弥补民族志写作中"主体缺席"的痼疾，从而以"局内人"的视角细致入微地呈现一村一寨之中文化的发明、传承与演变脉络。

---

① 参见万建中《民俗书写的权力与权力实践》，《思想战线》2018 年第 5 期；《民俗田野作业：让当地人说话》，《民族艺术》2018 年第 5 期。
② 张士闪：《当代村落民俗志书写中学者与民众的视域融合》，《民俗研究》2019 年第 1 期。

# 第一章

## 瑶白:大山深处的古侗寨

在行政区划上,瑶白隶属于贵州省黔东南州锦屏县彦洞乡。作为一个典型的侗族聚居地,瑶白一直是九寨侗乡的核心村寨,寨内传统民俗文化保存完好,目前仍能见到以腌鱼、腌菜、油茶为代表的饮食文化,以吊脚楼、鼓楼、花街、石板路为代表的民居建筑,以侗帕、侗锦、银饰为代表的民族服饰,以摆古节、侗年为代表的民族节日,以斗牛、斗鸟、玩花灯为代表的民间娱乐活动,以侗歌为代表的民族音乐,以"同心堂""花灯舞"为代表的侗族舞蹈,以瑶白大戏为代表的民间戏曲,以"定俗垂后"碑为代表的碑刻文化,以林地契约为代表的传统文书,等等。其中,尤以摆古节最为著名。瑶白摆古节是一个地方性的民族节日,带有鲜明的山地文明烙印,它的起源与传承离不开侗家人世代生存的自然地理环境与文化生态语境。

## 九寨侗乡

在黔东南的深山峻岭间,有一片被清水江与小江环绕而成的闭塞地带,这便是有"百里侗乡"之称的九寨地区。九寨之名,始于清初,大约在顺治年间,瑶白、黄门、王寨、小江、平秋、石引、高坝、皮所、魁胆九大侗寨结盟为款，故名"九寨"①。从此，九寨成为生于斯、长于斯的侗家人的代名词。雍正时期，九寨始向黎平府纳粮附籍，属黎平府经历司管辖，称东北路，正式结束化外历史，纳入中央王朝的管理体系。

1914年，黎平府被废除，成立锦屏县。次年，锦屏县属从铜鼓迁至王寨，王寨因此退出九寨，原属开泰县管辖的彦洞替补加入，新九寨自此诞生，归锦屏县管辖，并设三江九寨团防总局九寨团防分局，这意味着九寨正式从民间的大款组织变身为官方的行政机构。1926年，设九寨乡。1935年，改九寨乡为九寨联保，共设11个保（瑶白为第九保），保下设甲（又名棚或炉）。1942年，废保甲，九寨联保改为九寨乡。1953年，建彦洞乡和黄门乡。1958年，建彦洞、黄门两公社，其间又曾设管理区，隶属九寨大公社。1966—1970年间，彦洞、黄门并为一个公社，其下分设小公社、大队、小队等单位。1984年恢复乡、村建制，分别建黄门乡、彦洞乡。1992年3月，撤九寨区，黄门、彦洞两乡合并成现在的彦洞乡。②

过去的锦屏县九寨区辖平秋、魁胆、高坝、黄门、彦洞五个乡镇，现在多属平秋镇和彦洞乡辖区，面积总计204平方公里，境内28个行政村，6千余户，近3万人，侗族人口占99.3%，是北部侗族最主要的聚居地之一。这里群峰连绵，青山苍翠，古树参天，山峦峡谷，形态各异，溪流瀑布，千姿百态，别有洞天。虽然拥有极佳的自然生态，但九寨地区沿袭着千百年来的传统生产方式，经济脆弱，是个连片贫困区。比如，彦洞乡一直是"穿着靠救济，吃粮靠回销"的贫困乡。为摆脱贫困，九寨人民进行了艰难的探索，尤其是1990年代，在党和政府的支持下，九寨被作为黔东南州第一个贫困区进行综合开发，农业温饱工程、林业开发工程、烤烟开发工程、畜牧开发工程、水利开发工程、计

---

① 彦洞乡志编纂委员会编：《彦洞乡志》，内部刊物，2012年版，第7页。
② 同上书，第1页。

划生育工程等一系列项目相继上马。这一轮九寨综合开发使长期隐蔽山林的百里侗乡驶入现代化发展的快车道，基本解决了长期困扰民众的温饱问题。进入21世纪，在全面脱贫攻坚政策的扶持下，九寨人民的生活水平得到了极大的提高，富庶的人家盖起独栋小别墅，村容村貌发生了很大的变化。其中，劳务输出成为村民收入的主要来源，青壮年纷纷外出务工，收入比在家种田、养殖要高出好几倍。但是，随着年轻人的大量外出，当地农村空心化严重，只剩空巢老人、留守儿童驻守家园，有田无人种，有地无人耕，养老和育儿成为当地社会的两大难题。

处于侗乡腹地的九寨是侗族文化的核心保留地。侗族有南北之分，笼统来讲，北部侗族开化较早，汉化程度较高；南部侗族受汉文化影响较弱，语言和文化保存较为完好。学界一般以与九寨毗邻的启蒙、婆洞一线作为南北侗的分界线。因此，九寨位于南部侗族和北部侗族的过渡地带，在文化上兼有两者之美：一方面，因位居大山深处，其语言文化传统得以完好传承，具有南侗文化的特质；另一方面，它又地处北侗，且通过清水江便利的水路交通与外界交往频繁，故又具有北侗文化的品格。[①] 这一点可以从九寨的民俗文化上得到很好的印证，原始古朴的古侗语，世代传承的婚丧嫁娶，特色鲜明的侗族服饰，形式多样的传统节日，韵律独特的方言歌会，丰富多彩的民族舞蹈，历史悠久的梨园戏曲，古老神秘的体育竞技等，无不彰显着九寨深厚的文化底蕴。其中侗族刺绣被列为国家级非物质文化遗产保护项目，平秋北侗婚恋习俗、侗族歌䣽、平秋"鞍瓦"（斗牛）、瑶白摆古节、侗年、侗族北部方言歌会等均被列为省级非物质文化遗产保护项目。

瑶白隶属的彦洞乡位于锦屏县西部，距县城38.3公里，东北邻平秋镇，南傍河口乡，西毗剑河县南嘉镇和盘溪乡。全乡辖9个行政村，37个自然寨，85个村民小组，共计12000余人。彦洞乡土地总面积101

---

① 傅安辉、余达忠：《九寨民俗——一个侗族社区的文化变迁》，贵州人民出版社1997年版，第8—9页。

**图 1.1　瑶白全景（滚明建　摄）**

平方公里，山多田少，地形变化多样，山地特征明显，"八分山地一分田，还有一分路宅园"，当地的这句顺口溜是其地理环境的真实写照。乡境海拔在 700—1200 米之间，峰峦、峡谷、断崖、深涧、溪流，交错分布，虹桥卧波，寺庙隐林，村舍田畴，小桥炊烟，别有景致。彦洞村是乡政府所在地，与瑶白相距 3 公里，是瑶白的友好联谊村，也是通婚的主要村寨。

## 村寨历史

瑶白，侗语叫"镇押金"，古称"高镇""苗佰""苗白""妙白"等，1944 年定名为"瑶白"，几经更改的村名留下了汉、苗、侗文化的印记。瑶白建寨 600 余年，是九寨中最为古老的侗寨之一。在地理空间上，瑶白距县城 41 公里，距彦洞乡政府 3 公里，东与仁丰村、采芹村接壤，南临登宜村，西与彦洞村、仁里村相邻，北与九勺村相接。全村有 9 个村民小组，辖一个自然寨（引毛自然寨），村寨面积 11158 亩，其中，耕地面积 809 亩（稻田 399 亩，旱地 410 亩），林地面积 7725 亩，荒山草地 2624 亩。现有居民 353 户，1499 人，基本全系侗族。

瑶白地处云贵高原东部边缘的过渡地带，山高谷深，地势起伏较大，属于典型的喀斯特地貌，形成山地、峡谷和坝地三大地貌类型。居住的中心村主要在山体向阳台地上，地势西南向较高，东北向较低，平均海拔高度为739.9米。村内古树参天，达千余株，生态极佳，是

图1.2 爷来仙蹄（滚明建 摄）

全县拥有珍稀古树最多的村寨之一。红豆杉、银杏树、枫树、樟木树、锥栗树、米栗树、麻栗、猴栗、松树、楠木等古树分布于村寨周围，甚至是房前屋后。村寨周围群山叠翠，山峦峡谷，溪流瀑布，交相辉映，有"文昌巍阁""彩岑朝霞""引琼古屯""鲤鱼上滩""牛鼻寒潭""爷来仙蹄""雄溪瀑涨""二龙抢宝"等瑶白八景，美不胜收。

　　瑶白建寨的历史可追溯到明朝永乐三年（1405），龙氏先祖来到瑶白，开寨定居。清朝顺治元年（1644），瑶白与王寨、小江、平秋、石引、黄门、高坝、皮所、魁胆结成九寨款，划归黎平府东北路。1914年，恢复锦屏县，瑶白归锦屏管辖。1926年，设瑶白、黄门2乡。1930年，瑶白、黄门等小乡镇被撤销。1935年，屏县改乡镇为联保，瑶白属九寨联保第九保。1942年，撤联保建乡镇，瑶白隶属九寨乡。1953年，成立彦洞乡人民政府，瑶白隶属彦洞乡。1958年，成立彦洞工区。1959年，彦洞和瑶白合为一个管理区。1984年，农村行政体制改革，瑶白隶属彦洞乡至今。

　　瑶白是一个多元文化汇聚的村寨。虽然现在大部分瑶白人都自我认同为侗族，但历史上的瑶白曾出现过汉、苗等其他民族。比如，龚姓最初为来自江西的汉族，他们"久居夷地，受其所染，易其服，从其俗，习其语，成为夷也"。滚姓最初为苗族，明清时被人称为"侗苗"或泛称为"苗"，瑶白早先的寨名"苗白"或与此有关。到了中华民国时期，瑶白普遍被认为是侗家或侗人了，中华人民共和国成立后，瑶白人正式被识别为侗族，自称gaeml（更）。

瑶白村虽地处偏远，但历来重视文化教育，亦耕亦读。明末清初，村寨内已兴办私塾，开设武馆，延师授业。自清康熙二十二年（1683），先后有滚才发、滚万钟等人考取文举、武举或秀才等，获得名者，不乐仕途，多在本地从事管理或任教，以推动地方教育的发展。清末至中华民国时期，村民送子求学之风甚浓，留下了许多佳话。比如，瑶白滚作兰送子昌泮、昌熙去贵阳读书，着两人轮番徒步行走，一送上半月，一送下半月的钱粮去供子读，以致家产卖尽。1919年前后，瑶白废止私塾，改办国民学校，并修建了一座象征文教兴盛的文昌阁。

深居崇山峻岭之间的瑶白人，在六百余年的发展历史上，不仅要努力适应恶劣的自然地理环境，还要遭受各类不期而遇的灾祸与疾病的侵害，谱写了一段苦难与悲壮的生存历史。在瑶白人的记忆中，匪患、疾病（尤其是天花、霍乱等传染病）、火灾与自然灾害是最具破坏力的天灾人祸。

瑶白一带山多地少，本就生计困难，若遇干旱之年，稻田多颗粒无收，抗粮之事多有发生。比如，清道光二十年（1840），因大旱，稻田无收，九寨民众抗粮，瑶白、黄门等村寨卷入其中。此外，瑶白在历史上深受农民起义之苦，尤其是苗族人张秀眉领导的农民起义军，多次攻陷九寨，给当地人留下深深的创伤。据《彦洞乡志》①载，清咸丰五年（1855），张秀眉派部从西面小广来攻，石洞姜映芳军从东北面来袭，九寨防不胜防。第二年，彦洞罗兴明、黄门王再科、瑶白滚仕荣、滚万钟创办大合团，以抵御张秀眉和姜映芳。同治元年（1862）五月十二日，张秀眉和姜应芳部联合攻陷黎平府东北路要隘——彦洞大卡（即今梨元凹），打死大和团首杨积瑶，并在乡境各寨屠杀男子、侮辱妇女。同治三年（1864）秋收前，张秀眉、姜映芳部又攻入九寨，收割田谷。是年，黎平府批谕，筑屯以保，瑶白于引龙山筑屯，深沟坚垒堵守。同治五年（1866），张秀眉部属文三党等占据九寨一带，彦洞、瑶白、黄

---

① 彦洞乡志编纂委员会编：《彦洞乡志》，内部刊物，2012年版。

门等寨坟墓被挖掘。同治六年（1867），张秀眉领军数万复进九寨。同治八年（1869），湘军进入九寨一带，张秀眉、姜映芳二部远逃，乡境得以平息。光绪元年（1875），瑶白立咸同战事记述碑（参见附录"瑶白咸同战事记述碑"）。光绪二年（1876），彦洞立记述碑，记述咸丰至同治年间张秀眉和姜映芳二部对乡境的蹂躏。中华民国时期，九寨匪患频发，瑶白常遭匪兵洗劫，即使高筑寨墙也无济于事。甚至到了1950年代，当地仍频发匪乱。比如，1950年4月，瑶光叛匪姜培俊带匪兵到彦洞、瑶白一带"吊羊"，敲诈富户。

作为一个山地村寨，田地和山林是瑶白人维持生计的最重要的资源。历史上，瑶白与邻近村寨常因争论田赋或争夺山林而发生矛盾冲突，有时甚至引发械斗。清光绪年间，瑶白人滚万钟带寨人与仁丰村争论山田赋8年，在纷争中，双方各死1人，光绪九年（1883），坪圭仁立"永定章程碑"，记录瑶白与仁丰为赋税事争讼多年的过程（参见附录"仁丰与瑶白讼粮碑"）。1984年8月18日，瑶白村与九勺村为争山林木材造成纠纷，进而发生武装械斗，打死2人，伤11人。1995年，瑶白又与登宜村发生山林纠纷事，登宜村刚立新界碑，瑶白便派人拆掉搬走。

瑶白人关于疾病最惨痛的记忆之一便是中华民国时期发生的瘟疫。据记载，1932年春夏之交，九寨地区发生瘟疫，各寨死人甚多，其中瑶白死亡130人。1936年，又发霍乱痢疾，彦洞、瑶白、黄门、九勺患者死亡甚多。1939年至1940年，彦洞乡境又发瘟疫，死者甚多，仅彦洞寨即死40人。1944年，邻村黄门寨发霍乱，全寨死111人，死绝3户，几乎无人抬丧。1945年，瑶白天花流行，又发霍乱，死130人，寨人说是久不唱戏所致，是年（1945）又复唱戏推瘟神。

过去瑶白房屋均为木质结构，且居住密集，加之山坡陡峭，水源缺乏，导致火灾频发。而且，对全寨而言，一旦起火往往是毁灭性的打击。据村民回忆，1932年至1999年间，全寨先后发生过6次重大寨火。其中，1932年10月，瑶白全寨遭火灾，只有一户幸免。1970年，再次失火，全寨无一户幸免。1986年3月6日，瑶白村于夜间发生重大火灾，受灾127户、烧死6人，伤10人，损失惨重。1999年3月，瑶白村下寨因歹人纵火，发生特大火灾，烧毁百多户，受灾500人，烧死3人，波及牲畜无数。

瑶白地处深山，气候变化多端，各类自然灾害频发。比如，1973年4月18日晚饭时，狂风冰雹骤起，瑶白、仁丰、九勺吹倒树木无数，高坝公社高岑下寨的房子全被吹倒。2002年3月14日下午5时，彦洞乡境内发生冰雹灾害，冰块大如酒杯，瑶白村受灾严重，屋瓦大部分被打碎，田间油菜损失殆尽。2004年冬天，瑶白一带普降大雪，继而冻雨，连续63天不断，以致各村的古树翻倒400多株，瑶白房屋被压坏3幢，盖房的瓦全被冻裂漏水，高压线和电线杆全被压倒、压断，停电达3—4个月，冻死了许多牛、羊、猪等家禽，时间之长，损失之重，为历史上少见。2008年1月12日，天气骤冷，冻雪持续一个多月，高压电线杆、电线被压断，牲畜及田塘的鱼被大量冻死。山塘水库冰厚1米多，多条溪流断水，寒冷之最，50年不见。

## 屋山头

瑶白人自古过着刀耕火种的山地生活，在变幻莫测的大自然力量面前，个体的力量显得微不足道。因此，为了生存与种族的延续，村民不得不依靠统一的组织，通过集体协作、团结互助来应对艰难困境。侗族传统社会组织层次分明，脉络清晰，从家庭到宗族，再到村寨，最后是大款，通过由近而远，层层结盟，构成了以血缘为核心、以地缘为纽带的组织结构体系。其中，宗族组织是十分关键的一环。

瑶白是一个多姓杂居的村寨，龙氏开寨以后，各姓氏的先人陆续迁入，组成村寨。清嘉庆前，瑶白发展到10余个姓氏，其中滚姓人多势众，权势较大，瑶白其他各姓为寻求保护，曾统一姓氏，"十姓共一姓，十房共一房",全寨都姓"滚"。① 于是,全寨成为一家,只有房族没有亲戚,瑶白因此被迫到几十至几百里外的地方去结亲,有时远至清水江的另一岸,以及小江的源头。因为路途遥远,亲戚不能常来往。② 后来,随着其他姓氏的势力渐增,村寨内部的权力结构发生改变,统一姓氏的诸多弊端开始凸显,加之清朝中期开始推行保甲制度,依照血缘姓氏寻宗觅祖之风日渐兴盛,瑶白开始了"破姓开亲"的改革。清代道光后,其他姓氏陆续脱离滚姓,恢复原姓。③ 据统计,瑶白历史上曾有龙、滚、杨、龚、范、耿、万、胡、宋、彭、吴、王、罗、张、曾、易16姓氏。这其中,有的姓氏为谋生而举家外迁,有的姓氏因家族衰败而自然消亡。

自"破姓开亲"之后,瑶白村内的不同宗族组织逐渐形成。宗族,又称家族、房族或屋山头,侗语叫"补拉",是以父系血缘关系为纽带而构成的家族组织,每一个宗族都有一个共同的"补"(祖父、曾祖父、高祖父),以及数量不等的家庭。事实上,由于特殊的原因,在瑶白一个姓氏可以有多个房族,即"分房不分姓";而有的房族则包含多个姓氏,它们并非完全按照血缘关系组成,人数较少的姓氏往往会加入另一个姓氏合为一个房族。总体而言,瑶白各房族自古按照姓氏或世系群分片居住,宅居分布比较规整。每个房族都有一名族长,一般由本房

---

① 傅安辉发现在瑶白附近的魁胆也有类似的情况。魁胆开寨者姓王,凡是后来迁入者,一律被逼迫改姓王。比如,龙姓从偶里迁来,被迫姓毛50余年,几次要求恢复原姓都未获准许,偶里来人通融也不行。以前,大姓对依附来的小姓进行苛刻的奴役和压迫。红白喜事,小姓要为大姓做苦力,抬桌搬凳,做菜端饭,擦桌收碗。安葬死者时,还要去挖墓井。安葬后,死者留下的衣物用具又由小姓去收拾处理。若本寨与外寨发生冲突,小姓人必须冲锋在最前面。每年丰收,小姓必须向大姓供献物产。小姓家的女子长得漂亮,必须嫁给大姓人。如此等等,不一而足。参见傅安辉、余达忠《九寨民俗——一个侗族社区的文化变迁》,贵州人民出版社1997年版,第99—100页。

② 瑶白村内至今流传着过去走亲戚不便的各种说法,如"六月拿肉去会臭,拿酒去也会变味。十月里拿糍粑去会开裂,冬天拿酒去会结冰。清水江阻隔,雨季河里涨水,寒冬腊月结冰,有船无人渡。带着伞和刀,落雨用伞盖,遇虎用刀搏。"

③ 在瑶白,姓氏的恢复是一个漫长的过程,有的姓氏(如杨姓)到中华民国初年才恢复,有的直至中华人民共和国成立后,甚至改革开放后才恢复原来的姓氏。

族中德高望重的长辈担当,也有的是由精明能干的晚辈担任。族长的任务较多,都是尽义务,没有报酬。他是房族活动的召集人、指挥者,一般会处理房族中的大事(如婚丧嫁娶),排解族内纠纷,在村民自治中发挥积极作用。村有村规,族有族款,家有家规,每个房族都有自己的祖训与家规,这些约定俗成的规约在房族发展中发挥着重要作用。除此之外,无论规模大小,每个房族都有自己的堂号(族称)、族旗、祖训和族规。堂号为侗语,用来表示家族的历史渊源。现择其代表性的祖训族规抄录如下。

图1.3 杨氏族旗(李生柱 摄)

**龙氏家族**

龙氏家族称"闷宁龙","闷"的意思是"井","宁"的意思是"银","闷宁"有木本水源之意,这是对本族族长的尊称。龙氏祖训为:

> 立德,勤俭,立志,奉献。家规为:遵王制,率土臣民;隆孝养,人子酬恩;密兄弟,手足至亲;谐夫妇,人伦乾坤;睦宗族,贫富共存;务勤俭,节省发奋。

**上寨滚氏家族**

滚氏家族现有两支不同支系的家族,一支是上寨的"四甫富仁"家族,一支是下寨的"宁富你催"家族。上寨"四甫富仁"滚氏家族先祖是从原籍广西三江迁移而来,沿途曾定居许多地方。大明成祖永乐二年甲申岁（1404）二月，"四甫"（即长房包灵、次房练灵、三房扶灵、四房救灵）之始祖灵追公由剑河反乌（今方武）寨迁入本地（土名重德富仁）小坝居住，瑶白有人定居后，四公亦搬迁而来，包灵公、练灵公、扶灵公等三房公居高龙冈，四房救灵公择居旺地冲。"四甫富仁"滚氏家族历经若干年代的历史演变、繁衍，由入寨的四位先祖发展至今已有百余户，根据其四位先祖分支，其滚氏家族又分为若干个房族，海龙蛟、铜钱网、三包卷、绞时、绞来、富宁清（宋氏家族有两户；彭氏家族一户来自剑河平岑附于）、化头公等。上寨滚姓的祖训为：

尽孝敬祖，友爱兄弟，和睦邻里，与人为善；读书明德，修心正身，勤俭为本，忠厚传家；守法奉公，利国利民。

家规为：

家之有规，犹国之有典也。国有典，则赏罚以饬臣民。家有规，寓劝惩以训子弟。

心术不可得罪于天地，言行皆当无愧于圣贤。曾子之三省勿忘，程子之四箴宜佩。持躬不可不谨严，临财不可不廉介，处事不可不决断，存心不可不宽厚。俨前行者地步窄，向后看者眼界宽。花繁柳密处拨得开，方见手段。风狂雨骤时立得定，才是脚跟。能改过则天地不怒，能安分则鬼神无权。读经传则根底深，看史鉴则议论伟。能文章则称述多，蓄道德则福根厚。

欲造优美之家庭，须立良好之规则。内外门间整洁，尊卑次序谨严。父母伯叔孝敬欢愉，妯娌弟兄和睦友爱。祖宗虽远，祭祀宜诚。子孙虽愚，诗书须读。娶媳求淑女，勿求嫁资。嫁女择佳婿，勿慕富贵。家富提携宗族，置义塾与公田。岁饥赈济亲朋，筹仁浆与义粟。勤俭为本，自必丰亨。忠厚传家，乃能长久。

信交朋友，惠普乡邻。恤寡矜孤，敬老怀幼。赈灾救急，排难解纷。修桥路，以利人行。造河船，以济众渡。兴启蒙之义塾，设积谷之粮仓。私见尽要划除，公益概行提倡。不见利而起谋，不见财而生嫉。小人固当远，断不可显为仇敌。君子固可亲，亦不可曲为附和。庙堂之上，以养正气为先。

## 下寨滚氏家族

下寨滚氏家族，称"宁富你催"，实为下寨滚氏与胡氏两支不同宗的姓氏（胡氏家族曾与滚、王、罗、曾五姓世居世佑）合称的家族称呼，以其先祖的名字命名。其家训曰：

做人要本分，做事要认真；懒惰是穷根，勤劳是富根；家财千万贯，不如技在身；敬老与尊贤，常怀仁爱心；家庭讲和气，邻里一家亲；偷盗事莫为，赌博害死人；莫做亏心事，日常积善行；见利不忘义，得理让三分；说到要做到，忠诚和守信；千句和万句，教育好子孙。

## 杨氏家族

杨氏家族称"我甫金德"，"我"即"五"之意，"甫"即是"父、父辈"之意，"金德"即是下寨，杨氏五位先祖入寨定居于下寨，故而得名。五个房族的先祖分别为：时公、岩公、宝公、虽公、汉公，过去都从姓滚，中华民国时期才复姓。堂号为"清白堂"。时公房族称号为"奥哉析"，宝公房族称号"铜钱宝"，岩公房族与虽公房族称号"奥包岩"（虽公房族户数少，万氏家族现有四户，与岩公房族合并为一个房族），汉公房族称号"汉艮欧"或"汉宁公"。杨氏祖训为：

忠国家，孝父母，和兄弟，廉自律，节有制，善是德，勤耕读，俭持家。

其家规为：

> 忠君王，纳国课，重纲常，遵法纪；孝父母，抚儿女，重夫妇，和兄弟；睦宗亲，及邻里，重承诺，守信义；安本分，重德行，忌赌博，明病弊；力耕读，足衣食，智治愚，强不息；读有益，不空虚，学经典，终生记。

另，杨氏家族中还有修身养性诗流传：

> 喝酒不醉最为高，好色不乱乃英豪。
> 不义之财君莫取，忍气饶人祸自消。

### 耿氏家族

耿氏家族的构成传说是由王姓、雷姓及原族称号"富老冈大"的滚姓组合的。房族号"铜钱关"。其祖训为：

> 重行孝、尽悌道、贵作忠、期淳信、宜执礼、明大义、在养廉、贵知耻、贵读书、宜爱国、睦宗族、和乡邻、隆祭祀、慎表葬、正夫妇、慎婚姻、务正业、慎交友、戒奢靡、崇节俭、警游息、遏淫态、戒溺女、禁私养、禁赌博、息争讼。

### 龚氏家族

龚氏家族的堂号为"渤海堂"，房族号"镜台满"。彭氏家族一户来自皮所附于。龚氏祖训为：

> 爱国爱家，内外平等，强不屈膝，弱要扶持。

其家规为：

> 团结友爱，强不欺弱，睦邻友好，内外平等。

**范氏家族**

范氏家族的堂号为"三解丘",有祖训十则:

一、耕读:田必力耕,书必勤读,不耕不读,不如犬畜。
二、教子:家有子弟,教之成人,若任游荡,必害终身。
三、安分:为人在世,各安本分,利己损人,终必无用。
四、贸易:公平交易,童叟莫欺,奸媒巧诈,害己损人。
五、交接:与人交接,务必正人,此须茶酒,切莫吝惜。
六、嫁娶:男婚女配,为理之常,慎择贤否,门户相当。
七、慎真:父母丧亡,早宜思量,不称有无,尽孝尽忠。
八、追元:祖宗虽远,祭祀必诚,清明冬至,不是闲临。
九、修身:严以待己,恕以待人,花街柳巷,谨步莫临。
十、谨训:家训至此,句句格言,子孙恪守,世代相传。

由上可知,瑶白人自古深受儒家传统的影响,遵循礼治传统,承袭祖先遗训、族约家规以及老一辈的经验与教诲,在潜移默化中形成了耕读持家、讲究礼仪、遵守古约、恪守秩序、忠厚传家、勤俭立家、谦虚做人、诚信为本、乐善好施、行善积德的美好德行。由于瑶白各房族没有族牒和家谱,房族的荣辱兴衰与历史记忆全靠一代代人的口耳相传(偶尔也借助神龛、墓碑等文字载体)绵延传承,尤其是在每年一次的摆古节上,通过秉宗祭祖、长桌摆古、族旗展示等仪式活动,家族记忆得以激活。

## 传统建筑

瑶白村的民居大多坐落在沟壑纵横、树林茂密的半山腰上,一户户

## 第一章 瑶白：大山深处的古侗寨

独栋吊脚楼或砖式别墅依山就势而建，沿着等高线成排连片分布。其余民居零星散落在山脚底下或山间坝地。这些建筑与地形巧妙结合，利用岩、坡、坎、沟等来限定外部空间，并采用多种建筑手法完成；它们或为架空离地的吊脚木楼，或为就地而起的平地木楼，或为坐落有致的四合院；有的坐北朝南，有的坐东朝西，朝向不一，但都讲究坐宅水法，都遵循"一宅二命三风水"的法则，依山势水流而定向选址，并请地理先生来查验地形，俗谚云："人听师人口，龙定地理仙。"同时，在建筑过程中结合居住需求对空间结构进行合理处置，使整个建筑造型显得轻盈飘逸，从远处观望，整个村落高低错落，隐匿山林，令人惊艳。

**图1.4 传统民居（滚明建 摄）**

瑶白民居的建筑结构和面积由村民根据自己家里人员多少、地势大小和家庭的经济收入来源而定。房屋造型多为"一"字形，也有"L"字形或"凹"字形的。一字形的房屋，多为三间三层楼房、两面倒水。三层楼的多为二檐滴水，有的还在两侧配有偏厦。现在的房屋多不做"矮檐"，以增加房屋的亮度。房屋每扇三柱五瓜或五柱七瓜，以后者居多。进深二丈零八、二丈二八、二丈四八或二丈六八不等。过去的屋顶用杉木皮覆盖，现多改用小青瓦。

三层吊脚楼宽敞、明亮、美观。一般底层圈养猪牛鸭等牲畜，中层住人，上层作卧室或放置杂物。多从房左偏厦搭楼梯上中层，经走廊到堂屋。中层一般有走廊、堂屋、客房、伙房及内房，房与房之间的板壁用木板或木皮夹装，这一层是家庭的主要活动场所。走廊是进入房屋的通道，位于房屋前沿。吊柱有腰枋，腰枋下用模板装修，上方安窗子，使走廊及堂屋明亮。堂屋位于房屋正中，大多以中柱或后二柱为限。堂屋前走廊上方，用板子装修成燕子窗楼台，使得堂屋前节走廊空间扩大，增加堂屋的光亮度，拱台下春天可供燕子筑窝生息，拱台上可晾什物。堂屋前安门，后壁设神龛，但大多用一根小板凳安放在火房一角，用一块木板挡住，以作祭祀祖先的地方。侗谚有"务故鸟多略皮略介，叶或虚向，宁或虚主"，大意为"眼看不到的祖先们在屋里的墙角壁边，昼为守护，夜亦为主，保护财来门开，祸来门闭"，道出了子孙们祈求祖先庇佑住所的心愿。堂屋两侧置有长凳或椅子（现多放置沙发）供人休息。堂屋前侧走廊尽头一般为客房，后侧为火房（也有的在堂屋后）或卧室。火房内设有火塘，火塘成四方形，位于火房中央，安有三脚撑架，是做饭、取暖的地方。火房还设有橱柜，放置碗碟油盐。在火房里放张小桌，也就是家人进食及小范围会客的地方。火房侧是内房，是家人安寝之所。现在随着收入水平和生活质量的不断提高，不少人家盖起了砖混结构或砖木结构的小别墅。即使仍住木房的，也有不少人家把一层的畜圈外迁，用好木板或红砖改装成厨房，卫生条件大大改善。

瑶白村现有古墓、古碑、古桥、古井、花街、石板路、谷仓、四合院、寨门、摆古场、摆古楼、对歌楼、风雨桥等颇有年代或民族特色的建筑。整体而言，村落整体空间格局保存较好，但村落风貌新旧建筑风格差别大。

### 古墓

瑶白有墓碑可考的最早的古墓是清顺治十八年间的滚龙宝古墓和乾

隆年间的龙八欧古墓。瑶白古墓最有特色的是双层碑，分为"内龙"和"外龙"。顺治十八年出生的滚龙宝的碑文上有"另一天"字样。从滚龙宝碑文上，可以看出以前瑶白存在父子联名制的历史，这对当时的历史文化、家庭历史有考证价值。

### 古碑

瑶白村古碑在1966年以前有20余块，大多立在龙碑凹（修路碑除外）。在"文革"中被毁，有的不知去向，有的只剩残角，现县文物保护单位保存有《定俗垂后》碑。

### 古桥

瑶白地形复杂，溪沟交错，凡过水之处，必建桥梁。瑶白村古桥有木桥、石板桥。木桥现在都已改成混浇或石桥。石板桥一般是一块或三块均长约一丈左右、宽一尺至三尺不等的石板，石材都是本地所采。

### 古井

瑶白村有古井五眼，分别为炯凉井、闷老井、盘丘井、闷故井、阿欧井等。这些古井水质好，入口甘甜。村民过去曾有诗赞曰："天乙生水石岩壅，地穴成之朝向宗。细浪淘淘浸日月，微波渺渺隐蛟龙。心焦尝处神偏爽，口渴饮时味自浓。朝夕潺潺喷玉液，源头活泼赖枫丛。"

### 花街

瑶白花街用鹅卵石铺就，街面宽约二、三尺，建筑时事先修筑好路基，然后从溪流中采取鹅卵石，一个个紧挨着铺在坚固的路基上，排成整齐的一行行八字形，中间高，两边低，成龟背形，两旁再扶上泥土。瑶白花街历史久远，清嘉庆十一年（1806）、道光七年（1827）、中华民国五年（1916）瑶白人都曾修筑过花街。如今，村内花街的卵石底部紧陷泥土，坚不可摧，街道两旁，芳草青青，人行其上，干净整洁，不沾泥土，已然成为瑶白一道靓丽的风景线。

**石板路**

清嘉庆年间，瑶白曾修建长达七里的石板路，至登尼达采芹。后因火灾频发及洪水冲刷，村中的石板路销毁大半。2008年，在政府的资助下，瑶白石板路这一生态步道重新出现在人们的面前。

**谷仓**

谷仓群大多是用杉木建造而成，一般是两层两间式，平面呈四方形，歇山青瓦顶，穿斗木构。下层放杂物、农具等，上层放粮食。谷仓的修建是瑶白人生存智慧的结晶，比如，谷仓四柱下方用圆滑的石头做基，以防耗子侵袭。谷仓一般单独修建在村子边上，远离民居，利于防火。谷仓周围是茂密的树木，可以抵御风灾。

图 1.5　谷仓群（滚明建　摄）

**四合院**

瑶白村现存一座杨氏天井四合楼院，建于清乾隆四十五年（1780），有两百余年的历史。此院为干阑式木结构传统建筑，空间以

"前—中—后"纵向序列,四排三间,上下三层,悬山瓦顶,上有回廊,直木为栏;中有天井,石板铺墁,楼内每室开门,室室连通,令人惊叹。

**寨门**

过去,瑶白村在村东龙侬建有东门楼,在网地建有南门楼(侗语叫锦堕门),在村西邓岑引浪建有西门楼,在村北闷故建有北门楼。这些门楼均于1950年代前后朽烂;1970年代在龙侬及白土地建东西两座门楼,1990年代朽烂。2013年在花龙坳建一寨门,该寨门是一栋典型的侗族传统建筑。它为干栏楼阁式,八柱一层一门洞,门洞两边是供休息的空间。寨门高约6米,歇山屋顶,上盖青瓦,两侧为三层四方翘角亭阁,中间为五层四方翘角亭阁且第二层檐下有瑶白村石雕,每个亭阁上均有四个宝鼎。雄伟精致的寨门成为进入瑶白的标志,也是举办重要节庆时迎宾送客的场所。

图1.6 寨门(滚明建 摄)

**摆古场**

原为摆古、斗牛场地。2004年新建斗牛场于美秋坳后,就成为摆古芦笙场。场地铺设鹅卵石,鼓楼耸立场北两山关口,周围古树参天,荫翳蔽日。

**摆古楼**

摆古楼是瑶白的标志性建筑,该楼修建于2005年,位于村中摆古场边,占地150平方米,楼高25米,共五层。每层六方翘角,覆盖小青瓦,沟缝填石灰,檐下漆白漆。一楼为戏台和化妆间,用以文艺演出等,每柱坐落于青石鼓磉上。二楼以上层层相叠,二层檐下塑有摆古楼石雕,第四层为2米高的束腰式六方窗格,第五层为最顶层,翘角式尖顶,上覆四个宝鼎,一柱冲天。建成后的摆古楼连同它前面的摆古场成为举办摆古节最重要的空间,也是村民日常文化活动的中心。

图1.7 摆古楼(滚明建 摄)

**对歌楼**

对歌楼是瑶白村文化娱乐公共场所中特有的一种建筑形式。四方形干栏式木结构建筑,建于山顶,背面离坡地2米多高,正面与石板平台相接,宽十余米,进深约八米,台侧有楼梯作艺人上下之用。楼前两侧台柱上书有对联。楼顶上盖青瓦，三层六方翘角。

**风雨桥**

2013 年修建风雨桥（即议事长廊）于斗牛场后，由木结构的长廊与亭阁组合而成。长廊全部都是用杉木横穿直套，卯眼相接，通道两侧有栏杆，顶部两侧建有三层四方翘角亭阁，顶部中间有五层六方翘角亭阁。长廊上盖青瓦，沟缝填石灰，檐下涂白。二楼以上层层相叠，倒数第二层上有束腰式方窗格，顶层为翘角式尖顶，上覆四个宝鼎。长廊避风躲雨，有供过路人休息的长凳，也可观看斗牛比赛，是人们议事聚会、休闲娱乐的场所。

**图 1.8 风雨桥（滚明建 摄）**

对瑶白人而言，造屋盖房是一件重大的事情，非靠寨人的帮助而不能完成。因此，一家建房，往往全寨出力，这是一条不成文的规定。从平整地基，到砍树、搬运，再到排扇、立柱，至最后盖顶，都离不开左邻右舍的义务帮助。一般来讲，一幢木屋的建造需经砍树、发墨、构件、发棰、排扇、竖柱、砍宝梁、上梁、装修、立大门等工序,每个环节均要举行特定的仪式。

### 砍树

建房之前,先砍伐树木,准备木材。进山砍树要选良辰吉日,请一位儿女双全的长辈带香纸来到自留山上,先祭祀山神,再选一棵树,象征性地砍上两斧,边砍边说:"人财两发,富贵双全。"随后把它砍倒,且要使之倒向东方。之后,众人方可开始砍伐。

### 发墨

待木材晒干,搬运到家,主人再选吉日发墨,届时,墨师安好师坛,选一根中柱架好,与主人分立两端,各掌墨线一端,在中柱上弹墨。墨师边弹边说些吉利话。发墨之后,整个构件工程才能开始。如若暂时用不到这个发过墨的中柱,要把它放置到人们触摸不到的地方,以保其"圣洁"。在修制构件时,亲戚好友还主动备办酒席宴请匠人,请房主及其房族作陪,名曰"宴匠"。

### 发槌

构件修制结束后,举行"发槌"仪式。墨师安坛,拿木棰对着安上柱子的枋头敲打几下,边敲边说《发槌词》,以祝吉利。《发槌词》如下:

日吉时良,天地开张。
鲁班弟子发槌,大吉大昌。
一声槌响敲天门,千秋万户左右分。
天煞打归天上去,地煞打归地里藏。
金槌响一声,代代发儿孙。
金槌响二声,双喜来临门。

金槌响三声,三星具在户。

金槌响四声,四方八路财归身。

金槌响五声,五子登科中状元。

恭贺东君户主,人财两发,富贵双全。

**排扇**

排扇就是利用打木钉或扣榫的方式把柱与柱、方与方紧密牢固地连接在一起。侗家人建房子不使用铁钉,只用木钉,木钉长约5厘米,宽约2—3厘米,钉头成三角形,能紧紧地嵌入空隙,牢不可破。有的木匠连木钉也不用,只在柱与梁的连接处做成扣榫,效果亦极佳。

**竖柱**

排扇结束后,选定良辰吉日(一般是凌晨)竖柱。届时,墨师安好师坛,杀一只公鸡敬天地、厌煞,一边口念祝词,一边把鸡血涂在每一根柱脚,并绕房屋地基一周。事毕,再由一位儿女双全的亲友爬上脚

图 1.9 竖柱(滚明建 摄)

手架，把绳子拴在中柱上，然后大喊"立起大发，人财两发"等吉语，众人同心协力将靠在脚手架上的房扇竖立起来，并穿枋串联。

**砍宝梁**

在竖柱的同时，主人在家族及亲友中各请一位子女齐全、身体健康且家中没有孕妇者进山砍伐宝梁。宝梁生长的方位有具体规定，且要一蔸上长有两棵以上的优质杉树（有的用香椿树）。砍梁者焚香化纸，祭拜山神后，开始砍伐，同样要让宝梁倒向东方，并把一枚或几枚硬币放在被砍的树蔸上，作为蔸价，然后才抬回来。

**上梁**

上梁是建房中最为隆重的环节。是日，亲戚朋友们挑着米酒、糍粑、糖果、彩帛并带钱物前来祝贺，房架上挂满了亲友们送来的堂彩。待墨师加工好宝梁，在梁上书写"人财两发、富贵双全"几个字，并在梁中间凿一个洞，放进些碎金银、朱砂、米粒及茶叶，再把洞口封好。然后，用红布把笔墨、历书、香椿筷包好，用硬币钉在宝梁正中。接着，把 12 穗谷穗分三处挂在宝梁上。事毕，墨师唱《上梁词》，将挂在宝梁上的鞭炮点燃。此时，砍来宝梁的二人早已立在房架顶上，用绳子将宝梁缓缓拉起，前来祝贺的亲朋好友争先恐后地点燃鞭炮，一时间热闹非凡。

待宝梁安好，墨师穿着主人备办的新布鞋，踏着云梯，一步一词地唱着，攀上房顶。唱毕，众人划拳行令，喝酒祝贺。酒过三巡，向房外四周抛撒"宝梁"粑，至亲客人们也纷纷抛撒自家挑来的"宝梁"粑及糖果，捡宝梁粑的大人、小孩不亦乐乎。抛完宝梁粑，上梁结束。当地的《上梁词》有多种版本，现摘录两首如下。

### 上梁词（一）

东君赐来一把壶，儿孙骑马敬梁神。

五方龙神来领位，千年发达万年兴。
一杯酒来敬梁头，儿孙代代出公侯。
二杯酒来敬梁腰，儿孙代代家富豪。
三杯酒来敬梁尾，发富发贵发人丁。
吉日发梁，百世吉昌。
日时吉良，大吉大昌。
山神地神，听吾号令。
百无禁忌，保佑康宁。
起工动土，保佑儿孙。
起工发墨，保佑安宁。
两头玉带结连连，接起黄龙在半天。
黄龙汉在支江口，进手发达万万年。
宝梁宝梁，生在何处，坐在何方？
生在昆仑山上，坐在大木老山。
头戴千千活叶，脚踏万万之根。
上有乌云来盖顶，下有九龙来盘根。
大叶青青，小叶成行。
千根入地，万枝朝阳。
张公过路不敢动，李公过路不敢量。
要等鲁班仙人到，大尺出来比一比，小尺出来量一量。
寸尺比五尺量，不短也不长，恰恰合适保家梁。
请夫和仙，抬上马场。
刨子一刨，面面毫光。
锉子一锉，路路平洋。
宝梁头要在东尾在西，男作公侯女作妃。
宝梁中间一双筷，儿孙骑马上金街。
宝梁中间一双墨，聪明不求自然得。
宝梁中间一双笔，父中状元子中魁。

宝梁中间一本书，老的添寿少添福。
宝梁中间一尺布，儿孙代代家豪富。
宝梁中间玉带一样长，荣华富贵出贤郎。
客人来敬财和宝，金银满库用斗量。
请问东君户主，愿富愿贵？（户主答：富贵两愿）
愿富者送你金银财宝，愿贵者送你钱米满仓。
前仓满后仓存，六月开仓救万民。
抛粮抛粮，抛散四方。
一抛东，儿孙代代坐朝中。
二抛南，猪羊牛马满山冈。
三抛西，儿孙代代穿朝衣。
四抛北，聪明不求自然得。
五抛中，儿孙代代坐朝中。
抛粮抛粮，抛散四方。

## 上梁词（二）

宝梁宝梁，你听我言唱。
上贺青天，下贺华堂。
四方宁静，大吉大昌。
九天大开，乾坤近矣。
主东上梁，百世吉昌。
班班人笑，代代玉郎。
文官武将，海内名扬。
工因告竣，地久天长。
万代兴隆近六也，三多九入万年昌。
新梁新柱喜洋洋，指挥下落上金梁。
请文曲星坐梁头，儿孙代代出公侯。
武曲星坐梁尾，儿孙代代穿朝衣。
日时吉良，天地开张。

我今上梁，大吉大昌。
山神水神，听吾号令。
兴工动土，级亲造林。
户主拿出鞋一对，细布绫罗鞋一双。
姐姐做鞋底，妹妹做鞋样。
姐做鞋来踩新柱，妹做鞋来踩新梁。
八十公公不敢穿，留与鲁班弟子穿上梁。
左脚进鞋发富贵，右脚进鞋发人丁。
左脚先进进财宝，右脚先进进金银。
脚踏云梯步步高，手把丹桂接仙桃。
接得仙桃盘盘满，脱下蓝衫换龙袍。
一步云梯二步行，儿孙代代斗量金。
二步云梯三步行，儿孙骑马进朝廷。
三步云梯四步行，四方八路财归身。
四步云梯五步行，猪羊牛马满门庭。
早有八百出门圈，夜有三千进圈门。
五步云梯六步行，禄位高升第一名。
前头安有金狮子，后面又藏玉麒麟。
六步云梯七步行，七星高照紫微星。
骡驮金，马驮银。这间共有十三照，天下财主第一名。
前脚踩玉方，千年出尖响。后脚踩宝方，万代出圣郎。
新屋起在龙头上，四方八路龙朝阳。
黄道吉日起新屋，宝梁盖地万年长。
上梁上梁，上贺青天，下贺长江。
上梁不用明灯点，日月照耀放毫光。
宝梁宝梁，生在何处，坐在何方？
生在昆仑山上，坐在大木老山。
头戴千千活叶，脚踏万万之根。

千根入地，万枝朝阳。
这枝活元，名叫沉香。
张公过路不敢动，李公过路不敢量。
要等鲁班仙人到，大尺出来比一比，小尺出来量一量。
寸尺比五尺量，不短也不长，恰恰合适保家梁。
请夫三百，抬到马场。
抬眼一看，正好中梁。
锉子一锉，一木成行。
刨子一刨，面面毫光。
四人抬到何处止，一天抬到处马场。
又是何人来定磉？九天玄女定阴阳。
又是何人安装等，白鹤仙人到吉方。
又是何人来进宝，鲁班仙人造宝梁。
宝梁头在东尾在西，男作公侯女作妃。
面又朝地背朝天，儿孙代代中状元。
宝梁中间一尺布，儿孙代代家豪富。
宝梁中间一本书，老的添寿少添福。
宝梁中间一双笔，父中状元子占魁。
宝梁中间两碇墨，聪明不求自然得。
宝梁中间一双筷，儿孙骑马上金街。
鲁班弟子左手带来一包金，右手带来一包银。
请问东君户主，愿富愿贵？（户主答：富贵两愿）
千只仓万只仓，金银满库用斗量。
愿贵者送你文登阁老武登王。
左手送你金，代代发儿孙。
右手送你银，代代出功名。
前仓满后仓存，六月开仓救万民。
一愿家门吉庆，二愿财发人兴。

三愿进财进宝，四愿及第登科。

五愿田园广进，六愿六畜成群。

七愿子孙发达，八愿兰桂腾芳。

九愿九子登科早，十愿十子中状元。

抛粮抛粮，何人捡得日月同长。

一抛东，儿孙代代坐朝中。

二抛南，儿孙代代坐朝堂。

三抛西，儿孙代代穿朝衣。

四抛北，聪明不求自然得。

五抛中，儿孙代代坐朝中。

恭贺东君户主人财两发，富贵双全。

## 安大门

新房装修完毕，有的人家为使房屋庄重，在走廊与堂屋连接处（也有的在楼下进屋处）安设大门。门一般为左右分开的两扇，有的人家还要在门楣上挂一张八卦图或悬一个铜镜，以抵挡不吉祥之物入侵。大门装好后，要举行仪式，众亲友均来送礼庆贺。开门的时辰到，便把大门关上，在门外合缝处封贴上红纸书写的"开门大吉"几个大字。之后，由请来的儿女双全的贵客与主人共喊《开门词》，客人站在门外，扮演财帛星，主人在屋内，扮演鲁班师（有时由修造大门的师傅扮演）。

客：日出东方一点星，神仙打马下凡尘。轻轻打马街前过，请君早早开大门。开门！开门！

主：外面喊叫什么人？

客：我是天上财帛星。

主：有何贵干下凡尘？

客：来与户主踩财门。

主：你是旱路来是水路来？

客：旱路水路一齐来。

主：旱路来有几多弯，水路来有几多滩？

客：云雾沉沉不见弯，海水茫茫不见滩。

主：路中遇着何人？

客：遇着福禄寿三星。

主：他今何在？

客：随着我来踩财门。

主：

吉日吉时大门开，奉请仙客进门来。

请问仙官名和姓，从头一二说原因。

客：

天上银河万里清，人间烟户开大门。

若要问我名和姓，我是天上文曲武曲星。

眼内无珠不识宝，不知哪个是我星。

东来太阳星，南来太阴星，西来财帛星，北来紫微星，中央就是门光星。

天上五星来拱照，吉星高照大龙门。

门又大来屋又深，堂前贵子闹层层。

有福人居有福地，发财人丁发财门。

龙门朝对万重山，好似白马配金鞍。

七岁神童去科举，骑着白马万人看。

龙门朝对万重坡，富也多来贵也多。

朝中官员无人比，库内金银用马驮。

龙门朝对千竿竹，家中藏有万卷书。

孔子教训三千弟，文登阁老武登侯。

龙门朝对千丘田，青龙白虎脚下眠。

朱雀玄武前后对，儿孙代代中状元。

龙门朝对一条溪，家中儿女笑嘻嘻。

勤旺山前前后对，儿孙满堂发万家。
左手开门金鸡叫，右手推门凤凰声。
一步进门到堂前，两边列位是神仙。
左是探花右榜眼，中间正坐老状元。
二步进门到堂中，两边列位是仙翁。
堂屋就是金銮殿，华堂就是海龙官。
三步进门到炉前，金炉里内点香燃。
风吹真香重重现，地涌金莲朵朵圆。
开门大吉，人财两发，富贵双全。

主客之间，一问一答，众亲友齐声附贺，鞭炮齐鸣，大门敞开。

**进新屋**

新屋装修后，择定良辰吉日先到新屋火塘烧火。烧火人一般由至亲及家族中有子有孙的男长者来做，或一主一客，也可以只有一人。在新屋烧火，都用"四方刀"、红麻栗、雷公树等柴薪。先把它们在火塘里架好，当点燃火苗升起，则祝道："烟儿往上升，塘中火旺正。家庭多美满，发富发贵发人丁。"点火完毕，就可以入住了。至于是否请客办酒，则由主人根据情况自行确定。

瑶白人建房因地制宜，就地取材，且在整个建造过程中十分讲究求吉驱邪，从选址、砍树到上梁、立门，每一个环节都要择良辰吉日，说一些吉利的话语，并请儿女双全的"全活人"来完成特定的程序，呈现出侗家人根深蒂固的风水观。此外，整个建房过程充满了人情礼仪的往来，尤其是家族在其中扮演着重要的角色。

## 日常生活

"住不离楼，走不离盘，穿不离带，吃不离酸"，这句俗语是生活在山地之中的侗家人日常生活的真实写照。在上节中，我们介绍了瑶白人的住与行，本节主要讨论吃与穿的问题。

瑶白为一日三餐制，就餐时间随季节略有调整。一般来讲，早饭在九点至十点之间，干农活归来后的午饭多为下午两三点（农忙时村民多带午饭到山上，在劳动休息时食用），晚餐要到太阳落山之后。相对来说，午饭次要一点，可吃早晨剩下的饭菜。待到节日、婚嫁、丧葬等重大时刻，宴席也安排三餐，正席多为午餐或晚餐，菜肴最丰富，以猪肉为主，有十几至二十几道菜。

瑶白人靠山吃山，食材就地而取，资源较为丰富，"荒山老菁何物不生，滋液渗漉，何生不育"。主食以大米为主，杂粮有玉米、红薯、马铃薯等。蔬菜对村民而言十分重要，素有"一仓谷子三仓菜"之说。当地出产的蔬菜有青菜、白菜、萝卜、辣椒、葱蒜、藠头以及各种瓜类和豆类，到山上可采食到竹笋、蕨菜、菌类及各种能食的野菜。瑶白人日常饮食多离不开酸，比如酸辣椒、酸萝卜、腌酸鱼、腌肉、腌菜、酸汤鱼，等等。平时的凉菜也多用米醋、辣椒为佐料，拌以萝卜、鱼腥草、藠头等。糯米制品是瑶白人最喜欢的食品之一，逢年过节，婚嫁红喜，均用糍粑、蕨粑、甜酒等糯米食品招待客人。农忙季节，蒸上一甑糯米饭，上山劳作，方便携带，不易馊，又耐饿，且节省每餐必煮的时间。此外，瑶白人还爱吃油茶、饮米酒。

### 油茶

瑶白人一年四季喜吃油茶（侗语叫"借协"），尤其是逢年过节或有贵客来临，必先煮一锅油茶，祭祀祖先，招待客人，吃完油茶，才吃正餐。吃油茶不仅能帮助消化、增进食欲、填饥解渴，而且还能提神醒脑、治疗感冒、减退腹泻，有效预防山地潮湿环境引发的各类疾病。所以在侗寨，油茶是家家煮，人人吃，常年不绝。

油茶的主要原料是大米、茶叶、食油和豆类。茶叶为山中野生，分粗茶、细茶、节骨茶（即草珊瑚）、观音茶等，春夏采集，四季常用。

煮油茶较为讲究，先将米在锅里文火烧至老黄，加上食用油，再炒至米微黑，放入黄豆、饭豆、花生、板栗、茶叶等和清泉井水同煮，盖严锅盖，等炒米、豆、茶叶充分吸水后，加入冷饭、红苕等再煮，即是香气扑鼻、美味可口的油茶了。侗家人吃油茶，第一碗先敬供祖宗，然后再按辈分年龄和宾主之仪依次端给客人和主人。

### 糍粑

在侗乡，逢年过节，家家户户必做粑，且大多为糯米粑。村民在不同的季节做不同的粑，二月二、三月三做甜藤棉花粑，重阳、侗年、大年春节做糍粑。另外，婚嫁喜事、生日寿辰也打各种各样的粑，有的在粑里包饭豆，也有用小米、薏仁米、糁子打粑。

### 蕨粑

蕨粑一直是瑶白人喜爱的副食，在过去物资匮乏的年代，也是穷苦人家的主食。它的制作过程是，到坡上挖来蕨根洗净，用棒槌锤烂，用几个庞桶和棕垫作盛具轮番用水过滤三次，然后放置一个白天或一个晚上，待其浆液沉淀，倒去桶中之水，用刀铲出桶底淀粉，加水熬煮即成。

### 粽子

瑶白人在六月摆古节期间家家户户包粽了，一是用来祭祀祖先，二是自家食用。粽子的做法是用木材炭（木材烧成灰）和糯米混在一块儿，经过浸泡、过滤，包在箬竹叶里，再放到锅里去煮。有的人还在糯米里加一些红豆、花生等物。粽子因有木灰的作用，糯团呈蜡黄色，味道鲜美，保鲜的时间也长，不会变质，味道可口。

### 米豆腐

米豆腐只需用纯籼米磨成浆，加石灰水放入锅中煮熟后放凉即成。

热天吃一碗加醋的米豆腐，能止泻消暑。

## 腌菜

腌菜是侗乡的传统佳肴，不同季节用瓷罐或瓷坛腌制不同的菜类，供日常食用。腌菜的种类主要有腌鱼、腌肉、腌青菜、腌萝卜菜和腌白菜等。三月是腌青菜的时节，先将青菜晒蔫洗净，干切成末，拌以少量食盐、米饭，置入坛中密封十数天，即成"酸盐菜"。另外，夏天腌豇豆，秋天腌鱼和辣椒、萝卜，冬天腌肉和霉豆腐。

腌鱼是"酸中之王"，制作时将鲜鱼剖腹去掉内脏，均匀搓盐、喷酒、浸泡两三天，使盐酒溶渍。将鱼取出再烘略干，将盐、酒曲、糯米饭、生姜丝及辣椒粉制成腌糟，灌入鱼肚，使鱼形饱满，装入酝或桶中，且层层铺腌糟，然后密封。腌鱼越陈越香，鱼刺、鱼骨变软，酸味不增，香味愈浓。腌鱼可油煎后吃，可烧食，亦可生食，酸香可口，是待客佳肴。此外，剖鱼取出的内脏，剁碎，拌上辣椒粉、生姜丝、盐巴，放入坛中用酒浸泡做成鱼酱，成色鲜美，别具风味。

## 糯米酒

侗家人喜欢集众饮酒，"无酒不成礼义"，以酒待客是自古传承的老礼。当地酒的种类颇多，有米酒、糯米酒、苞谷酒、高粱酒、杨梅酒等，其中尤以糯米酒最受欢迎。糯米酒，侗话叫"劳言"（意为家酒），它先以糯米制成酒糟，再用清泉井水蒸馏而成，不含任何药料，20斤糯米能酿一锅酒。重阳节前后气温好，是烧制米酒的最佳时节。此时的米酒口感好，味道正，入喉不辣，略带甜味。米酒度数不高，约有20度，能清除疲劳，促进睡眠，加速血液循环与新陈代谢；更为重要的是，与油茶一样，饮之能抵御山地潮湿气候对身体的侵害。

瑶白人爱饮酒，常彻夜狂欢，酒风虽粗犷豪放，但讲究酒礼。在逢年过节、男婚女嫁、生男育女、生日寿诞、起房造屋、亲朋欢聚等重大场合都要摆酒席，以酒礼待客。每桌酒席都有一主把壶者，俗叫"酒司令",一切听他的酒令喝酒。先祝酒,再敬酒,酒过三巡要换酒,即主宾邀约扯酒,又称"见面酒";继而按长幼辈分及年龄大小结对划拳。划拳令也有讲究,规范不可越轨。"酒过三巡歌唱起,人不弄酒酒弄人",不胜酒意者,在酒过三巡之后,便要起他的花招,唱起酒歌来。酒席上随兴成歌,这也是酒仪,不违酒规。在宾主都已尽兴而乐,酒足意畅,酒席接近尾声之时,"酒司令"则站起邀请大家共饮团圆酒,大家一起举杯,一饮而尽。在"左团圆,右团圆,花好月圆""左发右顺,百事百顺"的祝贺中,众人进入席将散而意还在的境界。

**甜酒**

在侗乡,逢年过节家中必备甜酒。甜酒的制作方法很简单,只要将糯米(也可用小米、玉米、小麦等)蒸熟,倒至干净的簸箕或木盆里晾至微温,拌上甜酒曲,再放入甑子或有盖的木桶里发酵一两天,便可香甜味扑鼻。甜酒糟可煮吃也可凉饮。煮食时,先把水烧沸,再放入甜酒糟,后放粑丁,即可食用。需凉饮时,在碗中盛入适量的甜酒,冲上清泉井水,搅拌均匀,即是良好的清甜饮料。农忙季节,特别是秋收,农家不可缺此物。

瑶白人的服饰经历了一个颇为有趣的变迁过程。古时村民多穿戴苗族服装,清代咸丰三年改为侗装。侗装的制作离不开侗布,侗布是一种家机布,制作工序十分烦琐。一般以棉花做原料,先把棉桃采摘下,剥开取出棉花,晒干、轧弹,搓成棉筒,用纺车纺成小棉锭。然后上高架,纱线洗涤,用米浆、豆浆来浆,过转架,成大纱锭。几个大纱锭联合上纺架,上织布机纺织,基本成型。接下来就是浆染,染料是用蓼蓝浸泡,烧草木灰,做碱水加入,打入石灰水,沉淀成蓝靛,用蓝靛加药加酒加水搅拌制成染料,将要染的布放进染桶染缸去染,经过多天的来回泡染,便成了青布,再煮牛皮以浆染,方才完工。

瑶白侗装古今不同,男女有别,古时男子头结辫或挽髻,包自家织的黑色长侗帕。身穿左衽短领襟衣,束腰带。下身穿接头裤,接头裤的裤腰裤筒肥大，小腿缠腿布，脚穿草鞋或布鞋，冬天穿浆桐油的钉鞋。中华民国以后基本上剪短发辫，上身穿对襟短衣，成年男装无花边，全是素色，一般是黑色，棉质家机布，手工制作，长至大腿，下摆有小叉，五到七对布扣，襟前下摆各有一个荷包。穿锁头裤，腰后多系一根紫竹旱烟杆和一个葫芦（牛皮）烟盒，肚脐上扎一兜肚放火链岩和火草，上坡干活吸烟时，掏出火链岩和火草，用钢圈对着火链岩猛划数次火草即燃火。新中国成立后，生活水平提高，布料增多，家机布逐渐减少，人们穿家机布料衣服的也逐渐减少。1970年代至1980年代人们多穿中山装。改革开放后，外出务工的村民大多穿西装、夹克，解放鞋换成了皮鞋。家机布制成的民族服饰只在节日喜庆之时才穿上。

古时妇女穿左衽矮领襟衣，着花裙，腿布缠足，挽发髻围长侗帕（侗名称为"帕闷托"）。清光绪年间，九寨侗族地区进行了一场改裙为裤的服饰变革，以后少见穿裙者。妇女特别注重打扮与修饰，穿戴亦有分别。衣服种类从季节上分，有夹袄、单衣。冬季穿夹袄，春夏秋穿单衣；从性别年龄上划分，有女童衣、男童衣、少年、老人、妇女、少女等衣服类别，还有盛装及淡装之分。女装，黑色，冬天穿的有双层，称夹袄，左衽矮领襟衣，长至大腿中部，坎肩及袖口用另色（多为蓝带白色）布做镶接，襟边以红、白、蓝等色布镶成花边，花边上有刺绣，古时多用蓝布白线绣成花，扣套用布做成疙瘩纽扣儿。未婚女子扎单辫，以红绳结辫盘于头上，围自产青色长侗帕，前额刘海齐眉，耳戴银环。节日穿盛装，头戴银簪花（银花冠），脖戴银项圈，胸前挂着银饰压领，手戴着各式各样的银手镯，扣套五颗，以银泡串连。用自织的花带（连心带）束腰，裤管脚及裤腰有另色花边。黑布裹腿，脚穿布鞋或绣花鞋（以前穿翘鼻绣鞋），服饰鲜艳，花枝招展。已生育的少妇，额前不再梳刘海，把长辫改为挽髻，绾在脑后，服饰亦比较老色。

男、女童装，是按身材大小与大人款式一般的服饰。戴十八罗汉帽，帽前嵌十八罗汉银身形，帽后垂数条银链系以葫芦、金鱼、莲角之类银饰，有的还戴着"长命宝贵，易养成人"的保命银手圈（只一支，戴时男左女右)。此外，还有侗族背带、圆鼻绣花鞋等饰物。

从饮食与服饰中，我们可以窥见瑶白人日常生活之一角。改革开放以来，尤其是 2008 年瑶白扶贫开发整村推进以来，国家投入大量资金在瑶白实施了多个项目工程，村民的生活水平发生了巨大变化。家家用上了自来水，不再去古井中挑水。很多家庭改用液化气或沼气做饭，沿袭几百年的砍柴烧柴正日渐式微。缝纫机、手表、收音机等"老三件"也被彩电、冰箱、洗衣机、手机等所取代。全球化与信息化正影响着村民生活的方方面面。

综上，瑶白的村寨文化是生于斯、长于斯的村民与周围的自然环境长期互动而形成的一套知识体系，它与山地农耕文明相适应，并以丰富多彩的地方性知识呈现。古往今来，老辈人遗留下来的传统知识如山泉润物般影响着瑶白人的衣食住行与行为规范，并最终形成了粗犷的民风，古朴的民俗，多元的民族文化，斑斓的信仰礼俗，传统的社会组织，良好的社会风气等等。瑶白也借此从周边众多的民族村寨中脱颖而出，成为北侗文化的典型代表，相继获得了"中国传统村落""中国少数民族特色村寨""魅力侗寨""文明村寨""黔东南州重点民族文化旅游村""贵州省林业先进单位""贵州省特色民族文化建设保护单位"等称号或美誉。正因如此，瑶白整村卷入旅游开发与遗产保护的大潮之中，获得了国家资金的大力支持，不仅恢复了花街、摆古楼、议事长廊、对歌楼等村寨标志性建筑，还完善了村规民俗、抢救了濒临失传的民族文化，尤其是举全村之力举办的摆古节，成为对外宣传的一张名片。

# 第二章

# 信仰礼俗：侗家人的神圣世界

瑶白人的宗教信仰是一种多元杂糅的存在样貌，既保存了本民族原始宗教的浓郁色彩，又受外来宗教文化的深刻影响，其中尤以道教和佛教为甚。瑶白人相信世间万物皆有灵，他们崇拜自然，敬畏祖先，信仰多神，迷信鬼怪，相信命理，讲究风水，并严格遵循老祖宗流传下来的种种禁忌，以达趋吉避凶之目的。在日常生活中，瑶白人面对那些无法解释或难以解决的现象时，常诉诸鬼神，祈求它们庇佑。比如，在缺医少药的年代，有人生病时，会请巫师抓魂或到祖坟上去招魂（即与祖先分饭），或者请道师禳解，请张郎张妹①探病。葬丧必请道师为亡人开道，念经超度，村里目前还有道师存在。

## 村寨庙宇

瑶白村历史上曾有郎峩祠、水德祠、文昌阁、南岳庙、东岳庙等多座庙宇，后均被毁，有些庙宇还留有遗址。瑶白东岳庙在 2017 年得以重建，成为村中规模最大的庙宇。此外，村寨周边还有许多山神庙和土地庙，上述庙宇一同构成了瑶白的神圣空间。

---

① 张郎张妹是侗族传说中的两兄妹，乃开天辟地、繁衍人类的祖先。

## 第二章 信仰礼俗：侗家人的神圣世界

### 郎峩祠

郎峩，即杨五尊神，又称"杨公"，是清水江、沅江流域的水神。瑶白郎峩祠修建于村中龙碑凹，内供杨五尊神及执簿判官和掌印仙官。中华民国初年，郎峩祠迁往南岳庙，后来村民在原址处时常听到动静，就把一方长石安在那里，逢年过节，都要祭祀，视为护寨福神。

图 2.1　郎峩祠旧址（李生柱　摄）

### 水德祠

水德祠修建在村东护山上，祠内供水德星君，并埋置一口水坛以镇火星，每隔数年要添水一次，祈求它护佑村寨免遭火灾。

### 文昌阁

文昌阁，又称"文昌巍阁"，建于清光绪二十六年（1900）七月。据村民传说，瑶白附近的太祖山与布庞山好似两尾巨鲤，顺归叶溪逆流而上，其中一尾已达瑶白冲横两叉溪口，有鲤鱼跳龙门之祥兆，保佑着瑶白世世代代出了很多读书人。然而，村东玉獭山远看就像一只巨大的水獭，欲下水捕捉逆流而上的"巨鲤"。于是，瑶白先人以堪舆之法在

图 2.2　文昌阁旧址（滚明建　摄）

玉獭山建文昌阁，阁高五层，其状如塔，能镇水獭之妖，护瑶白人文运亨通。文昌阁位于双溪夹峙、悬崖峭壁之上，高耸半空，雕梁画栋，蔚为壮观。阁高五层，为四角木质结构抬梁式建筑，飞檐翘角，角上饰一跃跃欲上的鲤鱼，雕花窗格，檐边塑对狮子。第一层为大雄宝殿，雕塑观世音菩萨及善财童子、龙女神像。左偏殿雕塑财神像，右偏殿吊置一口大钟，神像和大钟均有一人多高；第二层供奉老子道君神像；第三层为关圣帝君、岳武穆王、大成至圣先师孔子神像；第四层供奉文昌梓童帝君等 3 尊神像；第五层雕塑魁星点斗。文昌阁建成后，周边村寨的善男信女纷纷前来祭拜，一年四季，香火不断。1958 年，阁内神像被集中烧掉，大钟被拆卸后卖掉。1967 年，文昌阁被拆毁。后来，人们在文昌阁的旧址上建了一座高约一米半的小庙，该庙用四根木柱撑起，离地约半米，庙顶用青瓦覆盖，里面供奉观世音菩萨（左）和如来佛（右）两尊陶瓷神像，庙口有对联：救苦救难敬求菩萨，阿弥陀佛普度众生。据村民介绍，每逢观世音菩萨生日，以及春节等日子，家家户户都去祭拜，烧上三炷香，供上三杯茶，再放点糖果作为供品。

### 南岳庙

南岳庙修建在文昌阁的后面,和文昌阁共占半亩多地。南岳庙为一层木楼,大殿上雕塑有精忠助国候王岳飞像,两边分别站着掌簿、判官、牛头、马面。1967 年,南岳庙与文昌阁同时被毁。

### 东岳庙

东岳庙修建于清嘉庆年间,地处村东北、通往九勺村大道旁的一座小山上。四周大树参天,松涛飒飒。庙宇为一层木楼,大殿内供奉东岳天齐仁圣大帝,并有掌簿、判官等神像。旁边吊置一口大钟,香火不断。与文昌阁同时被毁,仅剩下一座不足半米高的小庙作为遗址。2016 年 8 月,瑶白倡议重建东岳庙,得到村民们积极响应,或捐募善款,或出工出力,当年 10 月,动土奠基,年底竣工。新落成的东岳庙,设大殿一座,内供东岳天齐仁圣大帝,配殿两座,内供掌簿、判官神像,整座庙宇为四角偏厦仿古木质结构,实际建筑面积达 130 余平方米。

## 招龙谢土

招龙谢土是当地一种民间祭祀活动,分为多种形式。家中修房动土后,要招龙谢土,谓之"招家龙",这类仪式以家庭为单位举行,规模较小,故又叫"小谢";家中老人去世,破土安葬后也要招龙谢土,这叫"招坟龙",又称"奠谢";若全寨遭遇大的灾祸,或者有诸如新修庙宇落成等重大事件,也要修道场打醮,招龙祈福,祈一方平安,谓之"招寨龙",这是以村落为单位举行的重大仪式活动,故称"大谢"。

招龙谢土需请法师来做法事,念诵经文,画九宫八卦,安土府,召请龙神入中宫,以降祯祥。具体而言,招寨龙以保寨安,招家龙以保家宁,招坟龙以安亡魂。家里招龙谢土和坟上招龙法事较小,用时不多,所需供品也只是平常的香帛酒礼。招寨龙则是大道场，需集全寨之人力、物力、财力，花费数日方能完成。1999年正月十三，瑶白下寨失火，烧80余户，损失惨重。因是大灾难，全寨举行招寨龙仪式，设道场，做法事。另外，还要罚火殃头，即买一头不犯忌的耕牛，牵着走过所有火场地基，法师随后念经，消灾解厄，祈福保安，最后将牛宰杀，全体村民开斋会餐。

  2017年正月初八，新修东岳庙举行开光大典，也需要招寨龙祈福。整个仪式从年前便开始筹备，以建庙领导小组为基础，整个道场设有总策划、组长、财务主管、会计、出纳、采购、财务监督、后勤主管、道场法事总管、道场后勤主管、接待主管、募化主管、设施主管、消防主管、治安主管等组织人员，并请主事法师1人，帮道法师9人，表文誊录人员3人，内香烛人员4人，外香烛人员4人，复印经码人员4人，挂、收旛旗人员2人。各职人员张单公布，分工明确，各执其事，各尽其诚。整个道场分为请师、请圣、念经、祈福、行香拜庙、扬旛旗、神像升座开光、下油锅等程序。道场持续多日，瑶白村男女老少全体斋戒7天。正月十三日值正醮，行香拜庙者众多，组成一支长长的敬神队伍，队伍的行进顺序依次为：两人抬大锣走在最前面，道师穿法服紧

图2.3　招龙谢土（滚明建　摄）

随，寨老穿福寿衣跟进，接着是长号队、芦笙队、特邀嘉宾队，以及端着茶盘、提着供品篮子的各房族代表队，再往后分别为青龙方队、白虎方队、朱雀方队和玄武方队。队伍浩浩荡荡来到东岳庙前，开光大典开始，其仪式程序依次为：揭功德碑、大殿开光、剪彩、宣读开光词、寨老进香、嘉宾进香、道师开光念经、全体人员行跪拜礼，等等。十四日举行"下油锅"法事，在村中广场中安一口大油锅，油锅内腾起一人多高的火苗，人们从油锅上走过，这是一项古老的练度法事，又名"下火海"。十五日，辞送神灵，道场结束，全体村民开斋、会餐。

## 祭拜古树

瑶白村地处云贵高原东部边缘的过渡地带，地貌破碎，山高谷深，气候属于亚热带季风湿润气候，季节交替分明，光照资源丰富，加之溪流众多，水源充裕，适合林木生长。因此，村寨四周植被繁茂，古树成荫，森林物种资源异常丰富。瑶白是锦屏县拥有古树品种最多的村寨之一。步入村寨，便会看到一株株杉树、红豆杉、银杏树、枫香树、樟木树、野柿树、杜鹃树、锥栗树、米栗树、麻栗、猴栗、松树、楠木、荷木，等等，生在房前屋后，可谓是古树参天，绿树成荫。

古树，侗语叫"美封虚"，一直被瑶白人当作风水树，对侗家人有特殊的意义，因此被奉为神灵而享受祭祀。村民俗信古树有灵，那些被大风吹倒或朽倒的古树，没人敢拾回来烧火。在今村办公楼边曾有一株皂荚树，侗语叫"美巴西雷"，中心已空，有根碗口粗葡萄藤攀附其上，荫盖几百平方米。炎炎夏日，村民常在树下乘凉，每当葡萄或皂荚熟时，便从树洞中爬上树顶采摘葡萄或皂荚。此树被视为神树，每逢节日村民都前去烧香祭拜。1970年毁于寨火。

瑶白村祭拜古树之俗由来已久，在过去，每逢重大节日，村民都要祭拜树神，以获庇佑与恩赐。但在"文革"期间，祭树的仪式被迫中

**图 2.4　祭拜古树（滚明建　摄）**

断，并由此销声匿迹。直至 2015 年，锦屏县举办黔东南州第二届旅游产业发展大会，瑶白村被列为指定旅游景点，村民借机恢复了祭拜古树的仪式。那一次的仪式流程较为简单，大致如下：

祭祀开始前，执事在古树前设香案，摆供品。然后，法师开坛小秉师，用水净洒坛所。准备就绪后，全体祭祀人员列位肃立，寨主向古树进香，并念"进香词"：

伏以日时吉良，天地开张。寨头土地，寨尾龙神，坐东为主，永保土生万物，地发千祥。

瓜老朱闷，美老朱寨。笨乃麻敬押美老，叫押目任，当雷旁吗，顺押目央，帕琼广阿，的押的桑，借拜介克拜宽。①

---

① 这段为汉字记侗音，其大意为：大千世界，云朵守天，古树守寨。今天来敬祀古树，像你有神灵，长得高大。学你模样，枝繁叶茂，根系发达。

## 第二章 信仰礼俗:侗家人的神圣世界

进香毕,法师念经、念咒,为全寨祈福,并宣读祭文,祭文内容如下:

时维乙未仲秋普天同庆国庆佳节之期,瑶白子民等谨以故土之圣水、果品等,凡仪祭树神于家乡。尊灵之巨根深扎沃土,四通八达。尊灵之胸怀挺向蓝天,浩气凌云。尊灵之神体,立得正,挺得直,站得高,一身正气,一片慈心,堪为世则。烈日炎炎,尊灵为乡亲撑起一片绿荫;狂风暴雨,尊灵为家园笼罩一方安全。祈请尊灵,神游仙界,灵根永在故土。飞遍灵山,慈心长系故园。祈请尊灵,永远福佑这一片生灵,永保风调雨顺,五谷丰登,福气祥和。笑看这方热土,永远物华天宝,人杰地灵。伏惟尚飨!

祭文读毕,全体人员向古树行三鞠躬礼。然后进入"功德回向"环节,法师念经文:

愿以此功德,至诚回向,回向一切瘟疫、洪涝旱灾、火灾等灾难完全消除。消除宿世今生一切业障,常得安乐,无诸病苦。欲行恶法,皆悉不成。所修善业,皆速成就。

愿以此功德,消除宿现业。增长诸福慧,圆成胜善根。风雨常调顺,人民悉安宁。古树谐长寿,福禄荫子孙。

伏愿……(此处为恭祝语)

最后烧纸化帛,鸣炮,退班。

在祭拜过的古树上,村民会贴上红纸条及纸钱,用这种方式祈求拥有旺盛繁殖力和顽强生命力的树神赐福儿女像它一样茁壮成长,强健挺拔,茂盛繁荣,万古长青。此外,有的孩童若命犯"血光关",家人也会把他/她寄于常青大树,以庇佑其健康成长。

古树崇拜的观念使瑶白人自古形成了爱护古树、保护环境的意识。

图 2.5　古树群（滚明建　摄）

凡村寨边，大路旁的乔木，特别是常绿乔木和有果子的树木，一旦发现幼苗，不管是大人小孩，大家都主动把它保护下来。保护的办法是把幼树周围的杂草砍干净，修剪枯枝，并在树上打一个草结作为标志。路人见了标志就不会去损坏它。

## 小儿关煞

孩童养育关乎家族的绵延，历来受到瑶白人的重视。在环境恶劣、缺医少药的山区，对每个家庭而言，把一名呱呱坠地的婴儿抚养成人都不是一件简单的事情。当地有许多与孩童养育有关的信仰习俗，村民希冀通过借助神灵的力量以及行善积德的举动来化解孩子成长中的种种劫难，以达易养成人、长命富贵之目的。

瑶白一带普遍流行小儿关煞的信仰。在新生婴儿满月后，大人会请地理先生给孩子写"八字"，查五行，看关煞。看看金木水火土五行缺什么，起名字时便会给孩子补上；倘若小孩犯了某种关煞，也求化解。最常见的小儿关煞及其化解的办法有如下几种。

表2.1　　　　　　　　当地部分小儿关煞及化解办法

| 所犯关煞 | 化解办法 |
| --- | --- |
| 将军关（犯将军箭） | 立指路碑 |
| 坐命关 | 安凳子 |
| 阎王关 | 寄古碑 |
| 断桥关 | 寄桥 |
| 血光关、四季关 | 寄常青大树 |
| 取命关 | 寄岩（称"岩妈"） |
| 汤火关、水火关、落井关 | 寄水井 |
| 总命关、过亡关 | 寄干妈、干爹 |
| 休庵关 | 寄观音菩萨 |
| 四柱关 | 寄牛栏 |
| 铁蛇关 | 寄炉 |
| 鸡飞关 | 寄鸡笼 |

**立指路碑**

行走在瑶白的山间小路上，每逢岔路口便会发现成片的指路碑，上面写明了每条道路的去向，专门为路经此地的外来人指示道路。特别是那些走村串寨卖鱼花、补锅的人，错走小路既耽误时间，又浪费脚力，着实苦恼。因此，立指路碑是无声的带路，乃积德行善之举。

小孩出生后，若命犯将军关，有被"将军箭"射中身亡的危险，需要立指路碑化解之。俗信，指路碑能挡住将军箭，故又名"挡箭碑"。瑶白的指路碑多为石匠手刻而成，碑文用繁体字、从右向左书写。碑头横排写有"挡箭碑"三字，碑身竖着写有"上走××（地名）""下走××""左走××""右走××"等指示性文字，以及"长命富贵""易养成人""弓开弦断""箭来碑挡""无灾无难"等吉利话语。

图 2.6 指路碑（李生柱 摄）

立指路碑需要请地理先生选吉日良辰，比如天保日或成日，并选定立碑地点（一般为三岔路口、古庙旁或古树下）。届时，家长带着刀头肉、三杯酒、三根香、烧纸若干份（三张一份）来到选定的地点，先把碑立好，再摆上供品，烧纸，边烧边念一些诸如"保佑孩子，易养成人，天长地久，长命百岁"之类的吉利话。立好指路碑之后，每逢年节都要去烧香烧纸，一直烧到小孩长大成人方止。

**寄拜古树**

若小孩命犯四季关或血光关，要寄拜一棵古树。届时，用红纸写一张祈求保佑的名帖，贴到古树之上。内容大致为：

长命富贵
信士××经推算八字，命犯四季关，诚心寄拜千年古树位前，乞采纳，长命富贵，易养成人。凶星退位，吉宿临宫。

## 第二章 信仰礼俗:侗家人的神圣世界

**寄拜石碑**

若小孩命犯阎王关,需寄拜古碑以保命长生。家长请人用红纸写一张祈求保佑的名帖贴到古碑之上即可。内容大致为:

> 长命富贵
> 沐恩信人××同缘××氏所生一子/女,名唤××,按命推查犯关煞,夫妇二人处(储)备酒礼香仪,诚心寄拜于万年古碑位前,乞采纳保养成人。
> 凶星退位,吉星降临。
> 长命富贵,易养成人。

**寄干爹、干妈**

若小孩命犯"总命关"或"过亡关",那就要寄干爹或干妈。干爹或干妈应俱有适合孩子五行所需的命理属相且儿女齐全。寄干爹或干妈要举行认亲的仪式,届时,父母带孩子去干爹或干妈家,带上酒肉以及一件为干爹或干妈制作的衣服作为礼物,众人围在一起吃顿餐饭,干爹或干妈给孩子一个红包,祝福他/她"长命富贵,易养成人"。之后,每年春节孩子都要带着酒、肉、糍粑、糖果等礼品去拜见干爹或干妈,以示对他们的孝敬,直到十八岁。

**寄桥与架桥**

若小孩命犯"断桥关",那就需要寄桥,逢正月十四、七月十五日上元中元节,写一张祈求保佑名帖帖在桥上。

当地还有架桥的习俗,桥的类别有很多,遭遇不同的事情要架不同的桥。若夫妻婚后不能生育要请法师来嫁"求嗣桥";若家中小孩学业不佳、体弱多病等,要请法师架"状元桥",上述两种桥又称"贵人桥"。架桥时,法师要在事主家举行祈福、厌煞、安龙神等法事,并请事主家的两位贵人前去架桥。祭品有素有荤,先用素茶敬献,后用荤品酒肉祭祀。

### 安凳子

若小孩出生的年月日命犯"坐命关",要在山坳或大路旁安上一个供人休息乘凉的凳子,以修阴积德的形式祈求神灵的庇护,以使孩子根基稳固。凳子由自家做成,择吉日把凳子安上,贴上祈福名帖。逢年过节要去祭祀。

综上而言,立指路碑、架桥、安凳子连同其他一些行善积德的义举(如修路、补路等),是中国传统的"功"与"功德"的观念在民族地区根深蒂固的生动呈现。[①] 当地人通过方便他人的善举来积修功德,从而得到神灵的庇佑,以化解所遭遇的各类病祸。

## 民间禁忌

瑶白人在生产生活上有很多禁忌。忌大年初一泼水出外;忌立春忌响雷;忌"土王"和戊日动土和做针线活;忌上山伐树、拉木、放运时煮夹生饭及吹口哨;忌在山上说"吃饭""饿饭"等言语;忌从外扛锄头进屋;忌"破""败"日开工;忌南瓜翻底结;忌庄稼生长异常;忌出门做事时听乌鸦叫;忌路上见蛇横路;忌开春上厕所听见阳雀叫;忌在秋收前,烧化死人;忌梦见倒树、掉牙、挖坡、立新屋;忌打病兽和拣死鸟、死鱼;忌鸟粪撒在头顶;忌黄鼠狼冲自己叫或作揖;忌砍、烧风景林木;忌动别人打标之物和进大门上打标的人家;忌见蛇绞(交配)、蜕皮;忌喂养、宰杀五爪猪;忌睹男女性交;忌看异性大小便;

---

① 李生柱:《冀南醮仪中"功"的逻辑与实践——兼论民俗语汇作为民俗学研究的一种可能路径》,《民俗研究》2016年第6期。

忌妇女坐大门和坐男人的器物；忌客人夫妻到家里同宿；忌产妇未满月就到别家串门；忌父、兄入儿媳、弟媳卧室；忌"踩生"；忌把蛇拿进屋煮食；忌野生动物入室；忌猪、牛上楼去；忌母鸡司晨和公鸡晚上（丑时前）啼叫；忌正月初一扫地和买东西；忌泼洗脸水、洗脚水给别人；忌挑大粪摔倒；忌说绝话；忌陪嫁刀剪等利器；忌陪葬铜铁器；忌抬尸和灵柩出门触门枋和中途落地；忌凶终于外者进寨；忌外寨灵柩入寨；忌在坟上及周围大小便；忌毁土地祠庙和在其前大小便；忌在村寨后龙山葬坟；忌在失火者之前搭棚；忌拦路虎日出行；忌初一嫁娶，十七埋葬。

此外，孕妇被视为"四眼人"（不洁之人），酿制糯米酒时，忌讳被孕妇看到，否则酒就酿不成。婚娶时禁忌让孕妇看到婚房，触摸器物，否则会不吉利，有时新人会因为这个闹离婚，或者让先生来破解。家里有人怀孕，其家中之人到结婚的人家都不能触摸东西。生完孩子后一个月，禁止到别人家串门；若有外人来家中串门，必须先喝一碗清水，方能辟邪。

在瑶白人名目繁多的信仰行为中，我们既看到了侗族古老信仰观念的影子，又看到了儒释道等外来宗教的深刻影响。村民头脑中根深蒂固的神灵意识、信仰观念与礼仪观念，对当地建立或维持良好的社会风尚与社区秩序起到了至关重要的作用，也正是这些信仰与礼仪实践所营造的神圣氛围，为摆古节的传承提供了现实土壤与动力源泉。

# 第三章

# 岁时节日：瑶白人的时间制度

瑶白人世世代代深居崇山峻岭之中，他们日出而作，日落而息，遵循着大自然的节律与生物（糯稻、鲤鱼、鸭子等）生长的周期，形成了自己的时间经验与岁时制度。这里的岁时制度包含两条主线：一是根据气象物候与生物生长而定的农业生产时间；二是一年之中举行的各类岁时节庆，这是村民为调节社会生活节奏而建立的精神生产时间。

## 春种冬闲

气候条件决定了当地种植的物种及其生长节律，而农作物生长与收获周期又左右了村民农忙与农闲的时节，影响着村落岁时节庆的时间安排。

### 塝田与坝田

瑶白人世代以山地农耕为生，现有稻田810亩，旱地259.5亩，林地7183.5亩。在稻田中，塝田（梯田）居多，田坝田少。塝田多属酸性的黄（白）泥土，土层厚薄不一，经常缺水，水耕时间短。只有村东亚应塝田土层较厚，日照长，庄稼长势好，故有"偶赖偶亚应"（意为亚应产好米）之说。小坝田土层厚，土质松黑肥沃，养分含量丰富，宜种宜耕，可种各种作物，为上等田。此外，还有一类冲冲田，即冲沟砂泥田及冷水田土，这类田地土壤较差，土层浅薄且砂多，由于常年处于山高谷深的阴冷之地，日照时短，泥土长期积水，有机质分解慢，肥水流失严重。

**耕作制度**

基于上述土壤条件，瑶白人过去习惯于春种冬闲，一年一熟。海拔高度不同，生产耕种时节也有差异。一般来讲，立春之后，气候升温，雨量增多，村民开始准备春耕生产，挑猪、牛粪放到农田里，并在粪堆上面插上一束芭茅草，预示今后的稻穗像芭茅草一样粗壮，这叫"起工"，之后可以在干田中犁第一道田。从春分开始，村民陆续下田春耕，到清明之前，要完成做秧地、育种、播种等农活。到了芒种前半个月，开始犁第二、三道田以及插秧。约到白露至秋分时打谷子。秋收后水田挖蔸泡冬或炕冬，干田亦挖蔸过冬，让土里害虫冻死，雪凌疏松泥土，来年好耕作。旱田也一年一熟制，春种小麦、苞谷、红苕、辣椒，秋天收割，冬日闲暇。

瑶白人围绕作物种植进行了艰苦的摸索与实验。1949年之前，除种植水稻外，村民种有少量的糁子、大麦、荞子、高粱、小米、苞谷、红苕等旱粮作物，既可作猪饲料，青黄不接时也能度粮荒。1950年代之后，当地政府重视旱粮生产，引进了玉米、红薯、洋芋、豆类等作物品种。1960年代末，引进并推广小麦良种，在乡农业推广站技术员的指导下，生产队利用缺水田播种，点播改为条播，稀窝改为密植，整块播种改为分厢播种。采取牛犁加踩耙等措施，提高耕种效率。小麦丰收，但种麦瘦田，肥料跟不上，影响来年水稻生产。后来，提倡小麦上山，油菜下田，收效甚微，后小麦种植绝迹。1970年代，政府提倡农业学大寨，改善生产条件，推广优良品种和改进栽培技术，曾实验过稻麦一年两熟制。1980年代后，从实际出发，因地制宜，大搞高产作物，推广杂交稻，扩大稻田油菜、绿肥种植面积。1990年代后，种植杂交水稻、杂交油菜、杂交苞谷、马铃薯等高产作物；开始实施两段育秧，起初先把小秧培育到3—6厘米，再将小秧移栽到秧田里，逐步形成一年两熟种植制。

**图 3.1　春耕（滚明建　摄）**

### 耕作工具

瑶白以水牛、黄牛作耕作畜力。耕作工具主要是犁、耙、禾刀等。犁长约1.3米，高约80厘米。耙长约1.2米，高约70厘米，耙口装11颗耙钉。犁耙用木制成，使用配套木丫。俗谚云"犁三耙四"，指的是犁、耙的座靠后向为三分（犁底座）和四分（拉耙的斜度）。禾刀，侗语称"地"，是侗族一种具有特色的劳动工具，呈半圆形（半弦月），长约4—5厘米，宽2—3厘米，使用时套在手中割禾谷。打谷斗，又称"挞斗"，口大底小，呈四方形，四角用木枋凿眼镶嵌木板围成，斗底也用板子堵住。挞斗用桐油漆，以防腐烂及漏水。收谷时在谷斗壁内摔打稻穗进行脱粒。瑶白因地处高山，渔业发展落后。渔业工具也少，撮箕是重要的捕鱼工具。撮箕用竹编成，有大小之分，大的多用于挑粪、肥料等用，小的则多用于捕鱼。

### 育秧

瑶白人特别注重育秧的管理，认为好秧才会出好禾。传统育秧方法为泡种3天，催芽2—3天，播种后2—3天放水长苗。这种育秧方式，需种量多，一亩约需6—7斤，且出秧率低。以前种植遗传稻，种子代代相传，自留自用，常规稻改杂交稻后，不断引进新品种，并更新更换。

20世纪90年代推广无土温室两段育秧，即先把谷种泡2—3天，再把种子匀铺在木盘里，木盘长3尺，宽1.5尺，一般一个长方形木盘铺1斤种子，然后把木盘放到温室里，加温到28—30摄氏度，每天喷1—2次水，不让木盘里的谷种烧坏。经6天左右，秧苗发到有两片叶一寸半高，则降温炼秧1天，再寄栽到整好的秧田里。这种育秧方式，成秧率高，分蘖力强，每亩只需1斤多种子。现在大多采用这两种段育秧方式。

此外，还有一种旱地育秧，即在平整好的旱地或干田撒上谷种，用塑料薄膜盖上，使里面保温。平常洒水，苗长至1.5寸长即可移栽至秧田里。这种苗健壮，分蘖力特强，但育秧时间比两段育秧要长些。

### 薅秧

薅秧即是稻田除草、松土、施肥的劳动过程，促进秧苗发蔸分蘖。传统薅秧方法是人工逐蔸逐行地松土除草，一丘田一般薅三道秧。俗谚说"头道深，二道浅，三道四道猫洗脸"。20世纪90年代后，农村用上稻田除草剂，每亩只需用一两包除草剂，掺在10公斤左右的尿素里拌匀，撒于田中即可。除草剂的使用改变了传统的劳作节奏，虽节约了时间和成本，但不可避免地带来环境污染等问题。

### 稻田养鱼

侗家人好食鱼。鱼不仅是日常的吃食，而且在逢年过节祭祀神灵祖先的时候都要敬供整条鱼。一般在三、四月间，外地人来卖鱼苗时，村里人买来放到田里喂养。传统稻田养鱼，效益不高，亩产20斤左右，且水源较好之田方可放养。如今提倡科学稻田养鱼，在养殖技术上做一些改进，如加高田垦，加深水位，开好鱼沟。以前是平板式稻田养鱼，不防旱；现在可开横沟，即使缺水时节，鱼也可在沟里觅食不至旱死。同时在田里施足底肥，如猪牛粪，这些有机肥能繁殖浮游生物，给鱼提供有机饲料。在进出水口处设置鱼拦、安鱼栅。在田间投放不同规格、数量的鱼苗，老口与水花鱼秧混养。同时，稻田杀虫时要注意农药的使用，用低毒、高效的农药，避免对鱼产生药害，这样可使稻田养鱼产量翻番。

　　瑶白人基于当地物候月令而发明的春种冬闲的耕作制度把当地的年度生活周期大致划分为农忙与农闲两个阶段，前者是村民集中精力进行农业生产以解决基本生活需求的时段，后者是村民集中进行精神生产的时段。但这种划分并非是绝对的，穿插于两者之中的四时八节让村民的年度生活忙中有闲、闲中有忙，有效地满足了村民的精神需求，整肃了人神关系、人际与村际关系，并以此重塑或加强了生产生活秩序。

## 四时八节

　　瑶白的岁时节日体系既继承了中国传统的年节习俗，又基于自己的农耕劳作与时间制度而形成了许多地方性节俗。一年四季，几乎月月有节日，俗谚称"大节三六九，小节天天有"。这些节日与劳作节律相辅相成，穿插在农业生产的过程之中，调节着耕作节律，整肃着社会关系，维持着生产生活的秩序。

### 过大年

　　腊月二十以后，家家准备年货，购买香、纸、糖果、鞭炮等物品，并制甜酒，写春联，杀年猪，打年粑，打扫房屋，等等。俗话说"二十七八想办法，二十九样样有"。待到三十上午，杀鸡宰鸭，做年菜，张贴年画对联。下午用猪头（或者鸡或刀头肉）、粑、酒、香、纸等祭物去敬土地神，寄拜古树、古碑、岩妈、井、桥、凳等，并到庙堂敬菩萨，祈求来年风调雨顺，五谷丰收。在家里，则敬祀祖宗及猪圈、牛圈、鸡舍。封刀、锄、犁、耙等工具（用三、五张纸钱贴上），之后鸣放鞭炮，全家人围在一起过除夕，吃团圆饭。

年菜以荤食为主，炖、蒸、炒各种肉类，炖、蒸之肉块砣较大。禁止蔬菜上桌，认为三十年饭吃蔬菜，来年田地里会杂草丛生，有损庄稼生长。饭后洗手、洗脸、洗脚，三十晚洗脚忌过膝，否则今后串寨，走客去的不是时候或做事不准时。然后围着炉火守年夜，讲故事、猜谜语、下棋，等候新年到来。

大年初一清晨，小孩们听到鞭炮声后，便结伙串门，必由男孩领头到各家各户"讨糖"送吉。大人带香、纸钱到井边"买水"，回来煮甜酒。有的男子到山上砍几根柴回家，谓之"新年财"，图个开年吉利。初一大部分人家吃斋，不吃荤，说可抵一年之斋戒。瑶白从正月初一起玩花灯，清晨便到每家每户拜年贺新年，村民则摆香案供品接灯。中午集中到戏楼看梨园戏班演大戏。初二直至元宵节，家家请年酒，走亲访友，至正月十四烧了门前纸，戏班行香拜庙送花灯，扫戏台祭天地，整个春节期间的活动方结束。

**玩龙灯**

瑶白过去盛行玩龙灯、拜花灯。早在清代，瑶白村就有自己的灯会组织，并且有会田，这些会田就是龙灯会组织的集体资产。时逢年节，灯会便扎龙舞龙，拜年贺元宵，迎春接福，他们不但在本乡本寨耍，还被邀请到外乡外县玩，足见当时玩龙灯活动之兴盛。

在瑶白人心中，龙是一种能行云布雨、解难降福的神灵。但据老人们传讲，瑶白扎制的龙却非常雄伟强势，一请龙神，乌天黑地，雨骤风狂。有一次，瑶白龙灯会接受邀请去剑河县属化鳌村玩龙，途径三台山、洞庭、高银地、盘乐等地，凡所经村寨，房屋上的木皮、瓦片都被掀翻，寨人无不受到惊吓，损失颇多。每每如此，说是"龙抢宝"的缘故。清朝末年，寨人通过商议，决定不再扎龙耍龙，只开展比较温和的拜花灯活动。

据老艺人龚志全介绍，扎龙是用竹篾来编织龙头、龙身、龙尾，其中编制龙头最为复杂烦琐。龙头、龙尾编好后用纸裱糊，再在上面作画。龙身分成若干节来编制，可长可短。龙头、龙尾以及每节龙身下装有木把柄，以便掌握舞动。最后用布把龙头、龙身、龙尾连起来，在布上画满龙麟，一条威武的龙便编制成了。此外，还可以扎一个球形的龙珠，做戏龙之物。

玩龙灯期间要举行许多仪式，每项仪式都伴有令词或唱词。编制好龙之后，要请龙、开光，人们迎请龙驾降临本寨，享受祭祀，这一过程谓之"歇风"或"接风"。它的仪式过程与唱词如下：

  伏以孟春以来，月当岁首，敢蒙龙王降驾，我等荷恩光。开天盘古，五湖四海之龙王。上元一品赐福天官，中元二品赦罪地官，下元三品解厄水官。

  远看雾露腾腾，近看龙王降驾临。龙王出水三层浪，走满天下太平春。龙王驾到此地，千祥百福臻。

  弟子排班就位，整冠、束带。一行二步桃花现，三行四步牡丹花。五行六步花结果，七行八步风吹落，九行十步得团圆。

  神龙降驾九重天，喜到寒乡鼓舞筵。聊具不蘋聚地主，龙颜幸驻庆新年。内肃外静，外肃内静，内外肃静。

  欢迎者各执其事，各尽其诚。司乐者擂鼓三通，鸣锣三下，作大乐，大乐止。作细乐，细乐止。

  欢迎者排班就位，奉行欢迎。

  毫光灿灿下瑶台，合众欢迎在九阶。恭对龙王行伸礼，先行三礼后安排。

欢迎者整冠、圆领、束带、系足,跪,一二三叩首。叩首已毕,兴,一二三鞠躬。

香烟渺渺泛重光,无价神檀买异乡。蓝篆凌空迎圣驾,特将三炷献龙王。

初上香、献龙王。初献龙王一炷香,欢迎满寨喜洋洋。元宵何幸龙来降,风调雨顺荷泰康。

亚上香、献龙王。亚上龙王二炷香,佳节恭逢喜洋洋。岁稔年丰歌大有,老增福寿少添郎。

三上香,献龙王。三上龙筵三炷香,玉烛调和时序昌。百福千祥龙赐就,三多五福我身当。

上香已毕,兴,跪,叩首、叩首、六叩首。叩首已毕,兴,跪,奠酌。

琼浆玉液杜康留,奉献龙王喜洋浮。远路迢迢迎圣驾,伏希营饮葡萄瓯。

初奠酌,献龙王。初奠龙王酒一杯,龙来庆贺笑嘻嘻。龙王额下千般宝,赐予人人福寿齐。

亚献酌,献龙王。亚献龙王酒二爵,祥光罩处笑呵呵。葡萄液光重重献,满境康宁无限乐。

三奠酌,献龙王。三献龙王酒三樽,龙王瑞气闹层层,云耸弟子人人爱,合众欢迎福禄增。

奠酌已毕,兴,跪,叩首、叩首、九叩首。叩首已毕,兴,跪。

伏以,海味山珍列满席,鳖裙熊掌气超然。狮盘凤碟般般备,烛影辉煌供龙颜。

献佳肴,奉龙王。献肴已毕,肃立筵前,恭贺龙王。焚香,化帛,退班,鸣炮。

倘若一个寨子扎有两条以上的龙，或几个寨子玩的龙在某地发生相会、聚会的情况，这叫"龙灯相会"。此时，要说一些吉利的话语：

　　黄龙头上三点青，龙王相会闹沉沉。
　　龙来相会龙现爪，虎来相会虎现身。
　　今日龙灯相会后，风调雨顺人安宁。

龙灯队伍进入村寨时，有一套吉利的词，试举例如下：

　　龙王头上五色青，龙来恭贺众寨邻。
　　八十公公来看灯，牙齿落了又转生。
　　八十婆婆来看灯，头发白了又转青。
　　务农的人来看灯，风调雨顺五谷登。
　　行商的人来看灯，般般如意事业兴。
　　读书的人来看灯，京城赶考第一名。
　　十八姐姐来看灯，鞋脚麻亮样样精。
　　十八后生来看灯，人勤地发好收成。
　　娃娃妹崽来看灯，养大成人人聪明。
　　今日龙灯贺过后，众寨兴旺人安宁。

龙灯队伍到家户中或商店前祝贺时要说吉利话语，试举例如下：

　　黄龙头上三点花，龙来恭贺主人家。
　　主人接龙诚心意，又烧香来有煨茶。（据当时情景见事说事）
　　今日龙来贺过后，吉星高照主人家。

　　龙王来得闹层层，来到贵府秀才门。
　　今年你家翰林郎，上到北京会武神。

## 第三章 岁时节日:瑶白人的时间制度

普天之下无人比,盖过朝中第一名。
天子赐你道台印,手拿正印管万民。
下边管到云南转,上边管到北京城。
今日龙王拜贺后,官上加官级加级。

富贵高门八字开,龙王拜贺新屋来。
贺你大厦千载盛,金梁盖地万年兴。
左有青龙盘玉柱,右有双凤绕金梁。
中堂麒麟来献瑞,麟趾呈祥闹层层。
前有朱雀出富贵,后有玄武出贤郎。
新屋起在龙头上,发子发孙状元郎。
今日龙王拜贺后,百世吉昌万代兴。

龙王来得闹层层,庆贺元宵喜气盈。
恭贺老者多福寿,恭贺少者多子孙。
恭贺耕种者,五谷丰登全满盈。
恭贺读书者,金榜题名第一人。
恭贺生意者,一本万利进万金。
今日龙王拜贺后,千年发达万年兴。

龙王本是海中神,今日来到你店门。
小小店门很旺盛,本小利大进金银。
招牌醒目人人爱,百货齐全样样销。
千里来客笑脸待,钱饱货足人人夸。
日夜进财成本大,本小利大转翻身。
今日龙王绕过后,年年发财进金银。

在龙灯表演过程中,时常有一些令词,它们采用问答的形式向观众介绍一些关于龙的知识以及玩龙灯的来龙去脉,这便是"盘龙灯"和"答盘"。"盘"即盘问,"答盘",即回答盘问。一问一答,可以是"龙"与"龙"之间的问答,也可以是寨人与"龙"之间的问答。"盘龙灯"令词为:

> 黄龙头上三点青,龙来相会有根因。
> 哪个龙王掌雨簿,哪个粗心错时辰。
> 天下几年不下雨,哪里干得起灰尘。
> 哪里遭难灾情重,哪人降旨斩龙神。
> 哪人奉命斩龙首,几时几刻龙丧生。
> 龙头挂在什么殿,龙尾挂在什么门。
> 哪人怜龙起善心,何时天下要龙灯?

"答盘"的令词为:

> 黄龙头上三点青,龙来相会盘根因。
> 金骨老龙错雨簿,粗心大意错时辰。
> 天下三年不下雨,长安干得起灰尘。
> 人民遭难灾情重,玉帝降旨斩龙神。
> 魏征奉命斩龙首,午时三刻龙丧生。
> 龙头挂在金銮殿,龙尾挂在午朝门。
> 唐王怜龙起善心,从此天下玩龙灯。

在玩龙灯结束时,要举行送饯龙驾的仪式,即祭祀龙神,送走龙王,把扎制的"龙"送到河边或水边烧掉。其仪式与祭词如下:

> 祥云绕饶霭天宫,龙驾今朝动惠风。
> 特献薄筵饯龙驾,来留万宝去留名。

内肃外静，主伐者各执其事，各尽其诚。司乐，擂鼓，鼓乐止。整冠，圆领，束带，系足，就位。鞠躬，一鞠躬，二鞠躬，三鞠躬。跪，叩首、叩首、三叩首。

龙王今朝领炷香，合寨男女荷龙光。神龙绕过三多聚，千祥百福罩我乡。初上香，献龙王。

恭伐龙王二炷香，祭吾虽待未周详。谨希特驾多宽宥，暂领微情返海藏。亚上香，献龙王。

三献龙王三炷香，合境男女得安康。去是留恩并赐福，人寿年丰喜洋洋。三上香，献龙王。

准奉，蓝篆凌空遍九垓，龙颜头上现三台。瘟非火盗龙带去，否扫祥臻福寿来。

上香献龙王已毕，四鞠躬，五鞠躬，六鞠躬。跪，叩首，叩首，六叩首。

伐罢神香琥珀斟，由来美酒动人心。天仙造就琼浆醴，奉献龙王喜盈盈。

初献酌，献龙王。龙到敝寨（境）时未多，嘉宾满座海涵过。交情似水期长久，初献龙王百瑞禾。

亚献酌，献龙王。神龙出来庆元宵，合众虔心献葡萄。敝境士民叩庆后，亚献琼浆乐淘淘。

三献酌，献龙王。竹叶满斟馔彩瑕，剪成九凤好光华。祖伐筵献千般美，三献龙王泛紫霞。

献毕，跪，叩首，叩首，九叩首。

恐有天殃并地怪，恐有时气代瘟神。七十二瘟龙带去，带上三十六天门。

口舌是非龙带去，大小埋在海中存。从今龙王拜贺后，全寨男女得安宁。

老者增百福，少者万事兴。来的太阳照，去者太阳临。男女身健顺，样样具遂心。六畜得兴旺，五谷保丰登。龙王绕过后，户户享清平。说不完,讲不尽,去赐降福庇全境,龙王留恩人康宁。老者福天齐,壮中万事亨。少者身健顺,万事尽皆兴。来是安香火,去是具留恩。五龙各安位,方方镇乾坤。送饯已毕,秉炮送驾。

**拜花灯**

瑶白人在过年期间流行用花灯祈福保安,现在瑶白梨园太和班与花灯组织合二为一,过年玩花灯基本上由太和班来负责。同龙灯一样,花灯也是用竹子、竹篾制作而成。花灯的样式有很多,在瑶白主要制作宫灯和牌灯两种样式。宫灯是仿宫廷的宫灯,内外两层,四角或六角,而垂彩色花串吊,里面点灯,系在一根竹竿上,以便持掌。牌灯是个斗形,底座是木板,木板中间凿个洞,用竹竿穿住作把柄,以便执掌和插香,四周用竹篾扎起,用纸糊,上面分别书写"风调雨顺""国泰民安"等字句。

拜花灯并不像耍龙灯那样讲究舞、翻、腾、绕,拜花灯文静而肃静,掌灯人走在队伍前面,锣鼓相随,有种神秘感,让人敬畏。拜花灯的仪式程序繁多,师传到现在的有取水、求灯、开神光、祭神、迎灯、祭灯、拜庙、拜贺、送灯等,每个仪式环节都有一套完整的令词。由于篇幅所限,仅收录"祭花灯"和"花灯拜贺"两个程序的令词。"祭花灯"令词如下:

远看紫雾腾腾,近看众等祭花灯。
难为众等多吉庆,接我花灯下凡尘。
一行二步桃花现,三行四步牡丹花。
五行六步花结果,七行八步风吹落,九行十步得团圆。
今日花灯到贵地,难为众等操了心。
起得意来天样大,造起力来海样深。
阳雀记得千年树,回去四方远传名。
年轻之人不会说,略表几句说原因。

## 第三章 岁时节日:瑶白人的时间制度

说之不到莫见怪,讲之不明莫记心。
丑话莫记心肠内,烂礼莫把心肠分。
高高与我打伞盖,远远遮盖莫传名。
玉桌摆在金街上,点起白烛亮白金。
金杯摆在玉桌上,春满乾坤福满门。
难为众等人意厚,人意厚来值千金。
锣鼓咚咚来迎接,伺候花灯下凡尘。
恩深意厚,一体同心。众等迎接,老幼康宁。
读书之人来候灯,龙虎榜上第一名。
耕种之人来迎候,勤劳多稼五谷盈。
工者之人来迎候,手艺巧妙显高名。
商者之人来接驾,财源涌进发万金。
儒者之人来候礼,官上加官级加级。
道者之人来候驾,香火通行步步升。
医生之人来接驾,药到病除救万民。
化者之人迎候灯,前苦后甜做好人。
留下凡间送百宝,留与元宵贺孟春。
花灯领了三炷香,男女老幼福无疆。
花灯领了五件酌,家家户户得安乐。
花灯领了一对烛,合村人等永发福。
花灯领了两盘果,富也多来贵也多。(人才辈出——)
花灯领了献刚鬣,功名不求自然得。
花灯领了五件帛,荣华富贵寿八百。
敬祭我花灯花灯,儿孙世代出功名①。
百般美味都领了,鹤龟寿算享遐龄。
一贺老人福寿高,二贺少年富贵豪。

---

① 此句又可作:男女老幼得安宁、合寨众等享太平或无灾无难福寿增。

三贺三元多吉庆，四贺四季广招财。
五贺五子登科早，六贺禄位高高升。
七贺七星来拱照，八贺八仙庆升平。
九贺久久多康泰，十贺十美凤呈祥。
仕官之人来看灯，上管云南下管京。
云南北京都管到，禄享千钟世代荣。
务农之人来看灯，前仓收满后仓存。
前仓积有金银库，六月开仓救万民。
手艺之人来看灯，雕花造作如生成。
雕出龙来龙现爪，雕出凤来凤朝阳。
商贾生意来看灯，腰缠万贯财满门。
生意兴隆通四海，财源茂盛喜气盈。
道师之人来看灯，十方感应显威灵。
方方有请方方应，处处有求处处灵。
医师之人来看灯，百花百草用一根。
救男就得男成庆，救女就得女成名。
两边都是人看灯，热热闹闹似都城。
合寨恐有天殃并地怪，恐有地殃变鬼神。
天瘟带归天空去，地瘟带归地府门。
年瘟带归扬州府，月瘟带归扬州城。
日瘟带归龙宫藏，时瘟带归南天门。
七十二瘟灯带去，花灯带上九霄云。
来是与你安香火，去是与你安龙神。
五方龙神归五位，合寨男女请升平。
自从今日回过去，回去天上九霄云。
花灯登了天上神，转眼朝看凡间人。
花灯朝过东，儿孙世代受朝封。
花灯朝过南，荣华富贵保平安。

## 第三章 岁时节日：瑶白人的时间制度

花灯朝过西，男作公侯女作妃。
花灯朝过北，功名不求自然得。
牌灯带有金和宝，花灯带有儿和孙。
牌灯带宝出富贵，花灯带儿出功名。
带有天之宝，日月星辰。
带有地之宝，五谷金银。
带有国之宝，忠臣良将。
带有家之宝，孝子贤孙。
新年新岁起春阳，富也多来贵也强。
富者千仓并万仓，金银满库谷满仓。
贵者连科登及第，文登阁老武侯王。
上祭青天，下祭长江。
家家生贵子，并及金枝玉叶世无双。
八洞神仙来恭贺，个个登科状元郎。
自从今日灯游后，家家户户保安康。
两边动起龙凤鼓，让我花灯往别乡。
双双童子候我灯，聪明伶俐步高升。
少年人才多出众，长命富贵易成人。
双双童子候我灯，龙虎榜上早有名。
联科及第登金榜，科甲联登管万民。
双双童子候我灯，儿孙世代得功名。
七岁孩童中科举，骑出白马万人迎。
文官把笔安天下，武将提刀定太平。
大炮接灯喜气洋，过了二堂又三堂。
前堂领了斋花果，后堂领了桂花香。
如今走了玉堂府，男女老幼排两旁。
多蒙众等来伺候，双双贵子掌朝纲。
恭贺左公子朝中作宰辅，恭贺右公子作驸马东床。

今日我灯恭贺你，早生贵子伴君王。

玩花灯拜贺时一般见景说词，面对不同的拜贺对象，有不同的贺词。试举例如下：

花灯出来喜盈盈，今日来到贵府门。
一来庆贺元宵节，二来庆贺太平春。
三来庆贺家富裕，四来庆贺事业兴。
庆贺元宵多吉庆，六畜兴旺五谷登。
花灯带有五色花，御旨降下到千家。
牌灯带有金和宝，花灯带有儿和孙。
金宝出现出富贵，儿孙兰桂满门庭

花灯领了三炷香，男女老幼福无疆。
花灯领了五件酌，家家户户得安乐。
花灯领了一对烛，合村人等永发福。
花灯领了两盘果，富也多来贵也多（人才辈出——）。
花灯领了献刚鬣，功名不求自然得。
花灯领了五件帛，荣华富贵寿八百。
百般美味都领了，鹤龟寿算享遐龄。
来是与你安香火，去是与你安龙神。
五方龙神安五位，坐中为主镇乾坤。
香炉不断千年火，玉盏常明万载灯。
恐有天殃并地怪，火盗瘟疫扫清平。
七十二瘟花灯来带上，花灯带上九霄云。
今日花灯拜贺后，荣华富贵拥门庭。
（贺福寿）
一赐贵府多富贵，二赐老少得安康。

## 第三章 岁时节日：瑶白人的时间制度

三赐三多永顺遂，四赐四季降吉祥。
五赐五子登科早，六赐六合同春长。
七赐七星来拱照，八赐八仙坐中堂。
九赐金银堆北斗，十赐十全大吉昌。
当言万贵多豪富，石崇豪富富无涯。
努力成功多茂盛，加官进禄享荣华。
目下八台我登坐，临期亲友贺你家。
千年结就平安字，万年开成福寿花。
（贺读书）
读书门第多伶俐，龙虎榜上第一名。
德行颜渊曾子弟，闻一知十的文章。
圣人门生多出众，一举成名天下扬。
一举首登龙虎榜，翰林榜眼状元郎。
（贺耕农）
庆贺元宵多吉庆，六畜兴旺五谷登。
辛勤劳动多收稼，前仓得满后仓存。
前仓存有金银库，六月开仓救万民。
勤耕多织般般有，锄头口内出黄金。
（贺教师）
庆贺元宵多吉庆，育出桃李满园春。
育出栋梁砥大厦，桃李芬芳秀神州。
甘为人梯登攀路，愿作细雨滋良才。
培育名士香天下，造就栋梁建中华。
教之才德为师表，诲而不倦是楷模。
（贺领导）
眼底无私天地远，心中有党国家安。
双肩挑起革命担，巧手描绘四化图。
功高不泯忠贞志，位显更存公仆心。

风调雨顺千家乐,政通人和万户春。
(贺木匠)
庆贺师傅手艺强,马上弹墨响当当。
墨斗曲尺手中画,雕龙雕凤俱朝阳。
千川万方由你凑,凑得合向又合方。
起屋好似金銮殿,名誉高升四海扬。
(贺裁缝)
测量之尺比一比,裁得分寸缝有方。
绫罗绸缎都缝过,件件衣服好面光。
日间不断千人请,手艺高明处处扬。
(贺商贾)
日间不断千人买,夜里不断万人求。
日里卖得三千两,夜里卖得八百斤。
日进千乡之宝库,夜招万里之财源。
(贺医生)
花灯庆贺医生门,百草百花用一根。
不愁凡间民半死,药王一到就清灵。
早晨用药下一口,只过一刻病脱身。
药到病除,医可通神。
方方有请都感应,处处有求显威灵。
师慈留名金榜上,师徒美名天下扬。
(贺道师)
天地君亲当堂坐,值坛土地镇乾坤。
儒释道宝诸贤圣,香火广开显威灵。
金炉不断千年火,玉盏常明万载灯。
宗师拥护多吉庆,将帅扶持降坛门。
道师正印安一座,十八武艺用得着。
坛上挂有敕宝剑,瘟疫百鬼不敢连。

## 第三章　岁时节日：瑶白人的时间制度

坛上安有一对卦，阴阳合同总不差。
坛上安有一个铃，十方显应步步兴。
石画铁尖摇一摇，大小瘟神四处逃。
（贺住家）
君亲坐在龛堂上，金打福寿银打粮。
上面盖有琉璃瓦，下面挂有八宝灯。
龛上安有一顶缶，早三晚七乐音鸣。
金炉不断千年火，玉盏常明万载灯。
观音老母坐龛前，童子郎君排两边。
积善之家多供养，岁岁年年大吉昌。
求财有感四官神，坐着猛虎脚踏金。
手执金鞭常进宝，身骑黑虎广招财。
神榜扎对紫金花，一年造起万年发。
神柜雕哟巧花草，福禄寿喜招财发。
龛下安有长生神，发富发贵发人丁。
堂中挂有几岫画，先出富贵后荣华。
堂中挂有幅堂彩，儿孙骑马上金街。
桌上摆有定时钟，定更定时定天中。
桌上摆有四方镜，儿孙代代出功名。
花红对子排两旁，富贵荣华出贤郎。
堂中挂有几岫字，子孙世代多豪富。
楼柜喜钱挂几幅，老添寿算少添福。
两边挂有客名片，合家人等得安然。
大门神像一幅，儿孙世代出公侯。
门上挂有功名（荣造、仁寿）匾，儿孙世代中状元。
堂上喜报挂几张，一举成名天下扬。
外面挂有对灯笼，高官禄位喜相逢。
外面花格雕几块，五福天官送宝来。

(贺新居)

新造华居庆六合，财发人兴庆三多。

万载兴隆发富贵，百世吉昌发人丁。

白鹤仙人来定磉，鲁班仙人来上梁。

紫微大帝来高照，发富发贵发吉祥。

一重门楼一重开，两边挂有门户牌。

招财童子拦门坐，五福天官送宝来。

送来天之宝，日月星辰。

送来地之宝，五谷金银。

送来国之宝，忠臣良将。

送来家之宝，孝子贤孙。

(贺红喜结婚)

贵府堂上配鸳鸯，佳偶天成呈吉祥。

目中雀屏传二美，银河天上渡双双。

牛女二宿今日会，夫妻偕老百年长。

桂子兰孙多吉庆，敬贺地久与天长。

(贺求财)

东是遇财西遇宝，财源涌进发万金。

动步生财财归库，四方八路财归身。

(贺月中添儿)

今日来到贵府门，贵府堂上添龙鳞。

天赐龙鳞多出众，长命富贵易成人。

日后首登龙虎榜，金榜题名状元郎。

若是生的小千金，白玉无瑕的贵人。

兰桂腾芳多俊秀，祥光瑞气满门庭。

(送子)

张仙打弹来送子，天赐龙鳞下凡来。

喜的天赐平安福，桂子兰孙降临来。

（贺白喜）

花灯本是天上神，吾奉御旨下凡尘。

一来庆贺元宵节，二来庆贺孝家门。

孝子堂前泪淋淋，自古留下到如今。

今当大事到于你，堂上父（母）又分离。

孝心感动天和地，白鹤仙女下凡尘。

白鹤仙人来定向，就天玄女定阴阳。

二十四山山山利，四十八向向利方。

金骨落地大吉昌，发出富贵久久长。

丧在龙头出天子，丧在龙尾状元郎。

善门弟子开冥路，鸣鸡开通路五方。

地藏接引逍遥境，弥陀提携极乐乡。

阴超阳乐般般顺，利没福存事事昌。

善门弟子来奉送，方方有请处处扬。

（贺土地）

花灯本是天上神，今日来到土地门。

合众敬神神保佑，老多福寿少康宁。

保佑生意滔滔顺，保佑读者跳龙门。

保佑耕者有丰收，保佑求财发万金。

自从花灯朝过后，保佑春秋上下人。

## 二月二

二月二这一天要做甜藤粑。妇女们上山打来甜藤（俗名"狗屁藤"），下田坝采来棉花菜，把甜藤捣烂泡水，再滤出甜藤水浸糯米。把糯米舂（磨）成粉，再把棉花菜舂烂后和着糯米粉，甜藤水再舂，直至粘而不粘臼窝，即捞出分成一小砣一小砣，用粑叶（箬竹叶）包好，蒸成甜藤粑。当天用粑、刀头肉等供品敬祀菩萨、土地神，家中有小孩拜寄桥、石、井、树等神物的，也要带供品去祭拜，祈祷消灾解厄，四季平安。

### 三月三
家家做甜藤棉花粑，喜迎春耕到来。传说此亦系引蛇出洞而为。

### 清明节
瑶白村在清明前后要上坟"挂薪"。俗语云"三月清明挂薪在前，二月清明挂薪在后"，即在清明前后择取有龙神及墓门开之日（"辰戌丑未墓门开"即地支之辰日、戌日、丑日、未日），合家老小带上祭品（糍粑、刀头肉、糯米饭、酒、香及纸钱）去上坟，到祖坟上除草，有的还垒石、填土，然后摆祭品，挂标纸，放炮竹。有的家族集资挂"大坟"（共同的祖先）搞野炊、吃祭品。也有的家族趁这好日子给祖宗立墓碑。碑文过去只写男性子孙名字，时间只写皇号及用六十甲子纪年，今多已书上女儿及媳妇姓名及用公元具时。

### 耕牛节
在当地，相传农历四月初八是牛的生日。这一天，正值春耕栽秧农忙季节，家家户户必须把牛圈修整打扫干净，人放犁，牛脱轭，不让牛耕田干活，特割鲜嫩的草喂养，还要给牛洗刷身体，焚香烧纸摆上贡品祭祀牛神，期间，由家中长者牵牛绕贡品行走一圈，然后将蒸煮的糯米饭用芭蕉叶包裹喂食，用甜酒喂饮，之后全家站起来抚摸牛背，表示对牛的祝福。人们则蒸黑糯米饭吃。

### 立夏
于每年立夏时过节，俗谚云"立夏不吃肉，浑身都是骨"。当天家家必办肉及采笋以食，并让牛休息。传说立夏时牛干活，身上会长虱子。

## 第三章 岁时节日：瑶白人的时间制度

### 开秧门

"小满节把秧栽"，瑶白人栽秧由头人选好日子先行栽插，之后其余农户跟着也栽秧。当天，户户办鱼肉酒，糯米饭过节，以示"一颗落地，万颗收成"。过节时，还给未过门和已过门的新媳妇家送去糯米饭和酒肉。

### 端午

20世纪50年代以前，瑶白龚家过此节日，因其影响，自20世纪50年代后，全寨都过此节日。家家包粽子，门上悬挂艾叶，菖蒲以避邪。有的还把"艾叶如旗招百福，菖蒲似箭斩千邪"的对联贴上。将菖蒲、蒜包捣烂制成药汁给孩子擦身体，大人擦手足。有的请人到家作客，喝雄黄酒，并赠粽子给客人带回。此日，有的民间草药医生必上山采药以备他日药用，传说当天是天师下界收瘟之日，药很灵验。

### 尝新节

瑶白过尝新节是小暑过后之"头卯"日。过节前一天，村寨都要宰牛杀猪，开田取鱼，家家包粽子，通知和迎接亲戚朋友前来共度节日。届日清早，从菜园摘来新蔬菜瓜果，从田里采来几根禾苞，到村边砍来箸竹做筷子，备办菜肴，蒸糯米饭，还要做蒸鱼，即把鱼开膛破肚取出内脏，用酸菜水煮过后，略微晾干，在放到甑里同糯米饭同烝。早饭前，由大人祭祖先、神农、祈求风调雨顺，五谷丰登，十倍收成。祭祀毕，才能吃饭。饭后，开展斗牛等各项活动。

### 吃牯脏

吃牯脏曾是九寨地区历史上最为隆重盛大的节日。九寨侗乡大款或小款，每年或数年都要议款，盛行吃牯脏，每寨轮流做东当值，因此曾有"村村同监，寨寨通盘"之说。在此期间，吹笙行乐，说唱款词理词，教化后辈，不忘祖先创业之艰辛。瑶白是过去吃牯脏的缔约村寨之一。每逢未年十三岁届期，瑶白便约集邻近剑柱①两属及本乡（九寨）亲友戚谊到家，六月小牯三五日，宰猪杀牛，款待聚谈。至十月大牯七日，则每户宰猪杀牛，会谈一周，最后演变成敬天法祖、吃牯脏、村寨交往、鞍瓦斗牛之风，及吹笙行乐之象。

然而，吃牯脏耗资甚巨，尤其对耕牛的宰杀，使得大多数人家往往是"一年牯脏，十年还账"。中华民国初期，锦屏县明令禁止吃牯脏。1919年之后，瑶白不再举行吃牯脏活动。

### 七月半

七月半，瑶白过农历七月十四。上午，家家以米舂成粉后制面粑。下午持粑、酒、刀头肉、香纸登到小孩寄拜的桥、石、碑、树、井等处祭祀。桥、井等有损坏的，要给予修补。晚上，青年男女集中一家请师"跳桃园"，伺话叫"送的桃"。巫师边吹口哨边唱歌，把众人引上"桃园"。参加者每人坐一根板凳，面前插一炷香。最初头伏双膝间，间而得师者双脚发颤，双手拍膝，继而抬头直身，双脚原地跳跃，唱起歌来。即使平时不善唱歌者，此时亦歌声朗朗，让人惊讶，叹为奇观。旁人问及到何处，见到何物？旁人一一究问，其人一一作答。跳桃园者，有的是探望已故的亲人，碰见则痛哭流涕，泪流满面。多数是去探"桃园"，传说"热闹就是桃园洞，闹热就在洞桃园"。去"桃园"得过"十二重门"，每门得以歌叩开。跳者唱一首，旁观人得答一首，答对，跳者才得入门。"桃园"的歌（阴歌）很难作答，有的过几道门，便转回来（停止跳动），故很少人有进到"桃园"者。有的进去了，迷恋"桃园"不肯回来，还得请师扳回。

### 中秋节

农历八月十五做面粑，煮青豆，敬月神，祈祷万事顺心，团团圆

---

① 指剑河和天柱。

圆。现在多不做面粑，而买月饼以敬祀。

### 重阳节
农历九月九日重阳节这天，家家打糍粑，烧重阳酒，村寨杀猪过节。这一天，还要放牛打架，有的年份，还邀请客寨进行"鞍瓦"。

### 侗年
"侗年"，也叫过"小年"（相对于春节过大年而言），侗话叫"年更"［nian gam］或"年内"［nianp ni］。节期在农历十月（闰年）或十一月（平年）的最后一天。①

据传，侗年是为了纪念侗族先民迁徙历史而设立的节日。古时候，侗家人也是住在平地坝子边，"择平坦近水地居之"，他们没有文字，与世无争，淳朴憨厚。他们善良的本性被人瞧不起，颇受歧视，又被统治者所欺压，特别是每年将近年关时，官府的各种税赋、兵役、徭役纷至沓来。他们惧怕兵匪，只要听说"卡"［jiah］（侗语）来了，便慌忙躲藏起来。被欺压的侗家人失去了房屋田地，无法生活。有的被驱赶到偏僻遥远的地方，有的逃进深山老林。有一年逃难时，离年关只一个月，为逃避追捕，便提前过年，并延续至今，这便是侗年的来历。

侗年的规模仅次于春节，要宰猪杀鸡鸭、打糍粑、煮甜酒、煮油茶；祭祀祖先，祈求年年风调雨顺、国泰民安、六畜兴旺、五谷丰登。此外，人们穿着节日盛装走亲访友，还要放牛打架，甚为热闹。

每个村落或社区都有自己的生产生活节律，根据物质生产和精神生产的实际，定期安排节日休假或集体仪式。摆古节便是瑶白岁时节日体系中重要的一环。值得一提的是，瑶白人的岁时节日遵循两种时间制度，一种是传统时间，即农历，依据天干地支与阴阳五行来运作，在日

---

① 九寨地区过侗年时间不一，其他寨子有过十月（闰年）或十一月（平年）二十七的，有过十一月（闰年）或十二月（平年）初一的。

常生活中以此来决定运道与凶吉，婚丧嫁娶、建房等重大事宜都要请地理先生查询吉时良辰。传统的节日采用阴历计时，用寅卯日作为节期；另一种是现代时间，即阳历和钟表时间，孩童上学放学，外出务工等都使用阳历和钟表时间。摆古节虽然使用农历时间（六月初六）作为节期，但为了规范化的需要，在具体的节日流程中却按照钟表时间来操作，每一项节目都具体到几时几分。两种时间制度的交错并行，呈现出侗家人在现代化进程中的坚守与嬗变。

# 第四章

# 长桌摆古：节日组织与流程

"摆古"，即"谈古""说古"，意思是讲述过去的故事。在无文字时传统的九寨地区，侗家人在重大节庆或仪式场合常用摆古这种口头演述的方式来追忆祖先、回顾历史与教化后人。摆古的形式与内容较为丰富，小团体的摆古（小摆）一般在节日或婚宴上举行，多是家族与亲戚参加，内容较单一，只有唱歌和"腊耸"（相互叙述谦词或故事）。大团体的摆古则选在每年的秋收以后，是整个村寨或几个村寨联谊参加的大型活动，时限一般为三天。长期以来，瑶白人正是通过年复一年的"摆古"来传承村寨记忆、规范社区道德、整肃社会关系，从而实现村寨的长治久安。

瑶白"摆古节"是贵州黔东南侗族北部方言区最富民族与地域特色的传统节日之一，它集祭祀、说唱、歌舞、竞技、戏曲等礼仪与技艺为一体，是侗苗汉等多元民族文化交融积淀的结果。此外，摆古节既继承着传统的仪式内容，又加入了诸多现代元素，成为全球化与信息化席卷下的贵州少数民族传统节日生存现状的一个缩影。

## 摆古节的来历

就其本质而言，摆古节是瑶白人在秋收之后祭祀神灵、祖先，各姓氏房族集体追忆村寨历史的节日。它的起源与瑶白历史上那段"附姓滚"的姓氏统一史有关，也与曾经盛大的"吃牯脏"（即牯脏节）密切相关。前文讲到，在清代，由于滚家的势力较大，因此凡迁到瑶白的异姓一律改为滚姓，成为一族人。由于同一族人不能通婚，瑶白人需要跋山涉水到外地开亲，极为不便。后来，瑶白开始了"破姓开亲"的改革，各姓氏陆续脱离滚姓，恢复自己的姓氏。为了纪念这段历史，各姓氏宗支宰一头白牛歃血为盟，约定采用谈古说唱的方式，追溯自己先祖在瑶白的生存历史，后来约定俗成发展为摆古的节日。各姓之间通过"摆古"形成协议，以寨中登阿琼（地名）为界，分为上寨、下寨，实行通婚，并逐步恢复各自原来的姓氏。

  起初的"摆古"并不是独立的存在，而是作为瑶白村史上声势浩大的"吃牯脏"的核心内容。吃牯脏，侗话叫"借金"，即在黔东南苗侗地区普遍流行的牯脏节。据《瑶白村志》①记载，瑶白古时民风淳朴，勤俭力农，历代于未年十三岁届期，约集邻近剑（剑河）柱（天柱）两属及本乡（九寨）亲友到家，六月小牯三五日，杀牛宰猪，款待聚谈。至十月大牯七日，则每户杀牛宰猪，会谈一周，期间有敬天法祖、摆古论今、鞍瓦斗牛、吹笙行乐之俗。

  虽然"吃牯脏"已经成为历史，但瑶白各姓氏念念不忘祖先创业之艰辛，老人们常常给自己的子孙讲述家族的历史故事。1980年代之后，瑶白村原先较为隐秘的姓氏来源的谈论渐渐变得公开，祭祖、斗牛、吹笙行乐等古俗也逐渐在春节等节日之中恢复。1996年，村中各姓集体决定在每年农历的六月初六日举行摆古祭祖活动，2002年，该活动被正式命名为"摆古节"，节期固定在农历六月初六、初七和初八，其中初六为正节，并确立了"一年一小摆，三年一大摆"的举办原则。由此可见，虽然摆古节被正式定名是较为晚近的事，但它的节俗却很好地继承了牯脏节等传统节日的内容，如摆古、祭祖、踩歌堂、斗

---

① 杨安亚：《瑶白村志》，内部资料，2010年版，第111—112页。

牛、对唱山歌、跳芦笙、村寨联谊等古老的活动都成为摆古节最为核心的节俗。

## 节日组织

瑶白摆古节规模盛大，参与人数众多，但每年摆古均井井有条，乱中有序，这一切都离不开其强有力的组织。瑶白节有自己的一套组织机构和人员体系，具体来讲，摆古节由瑶白村两委出面主办，瑶白村民族文化协会（以下简称"村民协"）负责承办。"村民协"是一个负责瑶白民族民间文化传承与表演的自发性组织，专门为摆古节而设立，在村寨其他重大节庆活动中也发挥着组织作用。"村民协"下面有太和班、民歌协会、斗牛协会、斗鸟协会、篮球协会、瑶白文艺队等分支，每个协会都设有会长和会员。摆古节临近时，瑶白村在"村民协"的基础上成立摆古节筹备委员会，由寨老和村两委人员组成，负责整个摆古节的筹办与运行；各分支协会负责举办具体的节日内容，即太和班负责大戏演出，民歌协会负责民歌比赛，斗牛协会负责斗牛比赛，斗鸟协会负责斗鸟比赛，篮球协会负责篮球比赛，瑶白文艺队负责晚会演出。此外，再成立接待组、保卫组、后勤组等小组，彦洞乡政府也会派出公安、消防、医疗等人员前来帮助维护治安与秩序。

摆古节为期三天，耗资巨大，所有的资金均来自民众自发捐助。近几年，摆古节成为锦屏县重大打造的一个文化品牌，因此锦屏县各政府部门也会支持部分资金。所有捐赠者的名单，筹委会均会张贴红榜公布在显耀位置（参见附录"2015年瑶白摆古文化节赞助名单"）。各分支协会组办活动均设有数额不菲的奖金，它们也会得到民众的自发捐款。比如，2015年，瑶白民歌协会就获得捐赠3000余元；瑶白大戏演出时也以"天官赐福打彩"的形式获得民众捐款（数额从1元到100元不等，共计1794.7元）。上述捐款均会在节日期间张榜公布。

瑶白村各分支协会实行账目独立制，本协会的账目全由自己负责，而且同样也会把节日期间的花费张榜公布，以供村民监督。比如，根据张贴的账目榜单可知，2015年摆古节期间瑶白村民歌协会的支出共有三大部分：奖金、伙食费与宣传费（含纪念品）。具体情况是，奖金共支出7900元，其中一等奖2名，计1600；二等奖4名，计2000；三等奖6名，计1800元；优秀奖10名，计500元；围堂奖26名，计1600元；评委8名，劳务费共400元；奖金支出合计为7900元。伙食费为购买猪肉和蔬菜的费用，计3690.1元。宣传费为打印海报、购买笔墨纸张和纪念品的费用，计2389.5元。三项共支出13979.6元。

为了吸引更多的人来过节，摆古节筹备会每年都会印制一批海报，张贴于众。摆古节的海报上印有瑶白村景、议事长廊、长桌摆古、祭祖和瑶白大戏演出等照片，中间位置写着节目单和每个协会的联系人及联系电话，并有"弘扬民族文化、展示北侗风情；古风遗韵六月六，瑶白人民欢迎您"等字样。另外，每个协会也都有自己的宣传海报，比如篮球协会的海报上是几人争抢篮球的照片，并配有"激战""六月六，我在瑶白等你""镇押金"（瑶白侗语名）等文字。海报的内容为：

### 摆古文化节篮球争霸赛

为弘扬民族体育精神，营造节庆氛围，秉承强身健体、友谊第一的理念，展示北侗民族风情，以"锦屏·瑶白摆古文化节"为契机，举行篮球争霸赛事。重参与、促交流、创和谐、谋发展，望各兄弟村寨及单位篮球爱好者组队报名参赛。

报名要求：

（1）报名参赛球员必须是该球队的本村人或本单位人员（请带上身份证和工作证）。

（2）参赛球员务必遵守比赛规则。

（3）参赛球队要求服装统一，食宿自理。

奖项设置：

第一名3000元，第二名2000元，第三名1000元。（如有女队，届时另行安排）

报名截止时间：2015年7月19日（农历六月初四日）

比赛时间：2015年7月21日至7月23日（农历六月六日至六月八日）

报名联系电话：杨俊栋　（电话号码略）

　　　　　　　滚明全　（电话号码略）

主办单位：瑶白村两委

承办单位：瑶白村篮球协会

歌协的海报为白底，上面有瑶白村景和对歌楼的照片，海报左上角为祥云浮衬的摆古节徽标，徽标下写着"魅力瑶白"四个字。海报最上方的抬头为"摆古文化节民歌比赛海报"，抬头下边写有"相伴六月，歌声有你"的字眼。海报内容为：

## 摆古文化节民歌比赛海报

为弘扬和传承北侗民族民歌文化，营造节日气氛，为民歌爱好者提供展现自我的舞台，以"锦屏·瑶白六月六摆古文化节"为契机，借助活动平台，挖掘保护、传承发展侗歌文化，向外界展示北侗原生态民族文化魅力，经摆古节活动组委会讨论决定举行侗歌比赛。诚邀各位民歌爱好者踊跃报名参加。

奖项设置：

第一名，奖金800元（男女各1名）

第二名，奖金500元（男女各2名）

第三名，奖金300元（男女各3名）

优秀奖，奖金50元（男女不限，共10名）

鼓励奖，送精美纪念品一份。

比赛规则：以现场评委规定为准。

活动时间：2015年7月21日至22日（农历六月初六至初七日）
活动地址：瑶白歌楼（马郎坡）
主办单位：瑶白村两委
协办单位：瑶白村民歌协会
联系人：滚兰标　（电话号码略）　滚支德　（电话号码略）
　　　　滚兰均　（电话号码略）　滚兴荣　（电话号码略）

斗鸟协会的海报比较简单，仅有文字，没有图片，用A4纸张黑白打印，海报内容为：

## 海报

广大斗鸟爱好者：

　　为丰富瑶白"六月六"摆古文化节的节日氛围，促进养鸟爱好者的经验交流，我村斗鸟协会定于2015年7月22日（农历六月初七日）在本村举办斗鸟比赛，现将有关事项通知如下：

1. 报名时间：2015年7月22日　8：00—10：00

2. 比赛时间：2015年7月22日　10：00—12：00

3. 比赛地点：岗啊拢

4. 比赛方式：滚拢

5. 设立奖项及奖金：

一等奖1名，奖金1000元

二等奖1名，奖金600元

图4.1　斗鸟（滚明建　摄）

第四章 长桌摆古：节日组织与流程

三等奖 1 名，奖金 400 元

魅力侗寨瑶白欢迎各地斗鸟爱好者前来参加。

锦屏县彦洞乡瑶白村斗鸟协会<br>2015 年 7 月 15 日

## 节日流程

瑶白摆古节既是侗家人敬天法祖、追忆历史的神圣场域，又是民族文化展演的舞台，它承载着瑶白人许多重大历史文化信息和原始记忆，诸如农耕祭祀礼仪、民间信仰、民族迁徙历史、姓氏来历、宗族发展史、婚嫁演变史等内容均能在节日中觅到踪影。此外，许多新的内容形式也逐渐加入到摆古节之中，使之成为一个多元文化展演的舞台。2015 年是瑶白摆古节大摆之年，节俗最为齐全，笔者以这次摆古节为例来描述它的具体节俗与流程。

**节前准备**

2015 年 7 月 21 日至 23 日（农历六月初六至初八），瑶白摆古节如期而至。在节日开始之前，瑶白家家户户已开始为过节忙碌，妇女们包粽子、做甜酒，男人们则开始杀猪，为宴请来过节的亲戚做准备。

摆古节筹备委员会的工作人员也在为节日做着最后的准备。有人在斗牛场旁边的议事长廊上挂起了两排五颜六色的灯笼，灯笼用竹篾扎制成骨架，外面再糊上用红、蓝、黄、白色的纸裁剪的雕花图案，四个角各挂一个纸花做成的吊坠，十分好看。有人在入村的道路上拉起了一条条的红色条幅，上面写着"XX 公司祝瑶白摆古节圆满成功"之类的祝福语，这是村里拉来的赞助。还有人用竹筒做成一个个精致的酒杯，用于摆古期间的祭祀或敬客。酒杯上写着"相逢不饮酒，洞口桃花也笑人""摆古留念2015年6月6日"等字样。

乡政府派来的指导老师在摆古场上指挥着演员们排练节目,摆古场为一大片鹅卵石铺就的坪子,能容几千人。它两面斜坡,斜坡上青草铺地,古树参天,能容纳不少观众。一面为高高在上的村中主街,街边立有栏杆,也能容纳不少观众;另一面为耸立云端的摆古楼,摆古楼被装饰一新,一楼戏台中间悬挂着一幅巨大的彩色布景,布景上方写着"传统摆古、魅力瑶白"几个大字,左侧是摆古楼照片,右侧是瑶白民族风情园的文字简介,中间为摆古节的徽标。徽标为圆形,上有一对侗族男女,男的扛犁具,女的着裙带银,他们追逐着太阳,似在寻根起舞;下面写着两行小字,第一行为"锦屏·瑶白摆古文化节",第二行为"六·六"。一楼的屋檐上悬挂着一排红灯笼和一条红底白字的横幅,上写"2015年锦屏·瑶白摆古文化节"。戏台两侧挂着一幅红底白字的对联:"念先祖披荆斩棘携手建村开业史、启后人团结奋斗共谋发展创辉煌。"此等场景,让人感叹侗家老寨风韵犹存。

到了晚上,摆古楼上彩灯点缀,闪烁生辉。村民们吃完晚饭聚集在摆古场周边,或趴在栏杆上,或坐在花街上,观看彩排。伴随着一首首富有民族特色的音乐,文艺队的歌舞表演进入了最后的排演阶段。根据摆古节海报信息,接下来三天节日主要仪式活动与文艺表演如下。

表 4.1    2015 年瑶白摆古节节日流程表

| 日期 | 时间 | 节俗 |
| --- | --- | --- |
| 7月21日（六月初六） | 10:00 | 拦路迎宾 |
| | 11:00 | 秉宗祭祖 |
| | 13:00 | 活动开幕 |
| | 14:00 | 祥牛踩堂 |
| | 14:30 | 长桌摆古 |
| 7月21日（六月初六） | 15:00 | 大戏展演 |
| | 16:00 | 大型舞蹈 |
| | 20:00 | 文艺晚会、民歌比赛 |

第四章　长桌摆古：节日组织与流程　　93

续表

| 日期 | 时间 | 节俗 |
|---|---|---|
| 7月22日（六月初七） | 8:00 | 斗鸟比赛 |
| | 10:00 | 大展武威（斗牛） |
| | 20:00 | 文艺晚会、民歌比赛 |
| 7月23日（六月初八） | 12:00 | 活动闭幕式 |
| 7月20至23日（六月初六至初八） | 全天 | 篮球比赛 |

**拦路迎宾**

拦路迎宾，即在寨门处拦门迎接前来过节的客人，并向他们唱敬酒歌、敬米酒。2013年之前，每逢摆古，村民要在村口用木竹扎一个寨门，上面挂着青翠的鱼滕草，并在门两侧贴有"同来摆古论今再展农村新画卷，一齐高歌吟唱传颂侗乡好春光"的对联。瑶白新寨门建成之后，拦路迎宾在寨门外侧举行。

7月21日早晨6时许，瑶白村文艺队与迎宾队伍的人员便来到摆古楼化妆，人们穿着侗族传统服饰，男的穿对襟土布衣，包长长的有流苏的头帕；女子穿大襟衣，戴着亮闪闪的银饰，腰间束着美丽的花带。7时30分许，文艺队和迎宾人员到伙食处（彭煜焕的家中）吃早饭。9时许，迎宾人员在摆古场列队集合完毕，向寨门出发。一位老者敲锣走在队伍的最前面，四名男青年抬着一面大鼓紧随其后，再后面是瑶白各房族的代表举着本房族的大旗，五颜六色的旗帜，迎风招展，蔚为壮观。瑶白文艺队列两队在后，一队为男青年，吹着芦笙；一队为女青年，举着"瑶白文艺队""黄门文艺队""回娘家队"[①]等木牌。再往后就是身穿节日盛装的小孩们，紧跟文艺队队伍。整个迎宾队伍从摆古场出发，一路浩浩荡荡，吹吹打打，热热闹闹，从大街招摇而过，瞬间把平日里安静的小山村带入节日的盛景之中。

---

① 瑶白回娘家队是由瑶白外嫁的女儿们组成的一支文艺代表队，成员大多来自彦洞村。

图4.2 拦路迎宾（滚明建 摄）

9时30分，迎宾队伍行至寨门前，列队于道路两旁。在寨门外，安放一张八仙桌，桌上放一香斗，斗内插两炷香、两支蜡。香斗前面摆满了供品，有猪头一个，内装米酒的葫芦一个（葫芦上写有"瑶白摆古节"字样），整鱼一条，整鸡一只，糯米饭一碗，上插筷子一双，粽子两挂，斟满酒的酒杯三个。迎宾的姑娘们围着供桌成半圆状，每人手拿一个牛角杯，里面装满了米酒。一位寨老在供桌前鞠躬行礼，祭祀完毕，开始迎宾。姑娘们先用侗语唱拦路迎宾歌，欢迎不同的客人使用不同的歌词（详见第九章"拦路迎宾歌"）。唱完迎宾歌，姑娘们端着牛角杯给每一位客人敬酒。此时，后面有人拎着酒壶随时准备往牛角杯中添加米酒。客人喝过米酒，被人引领着进入村寨。迎宾的姑娘们重新列队，唱迎宾歌，迎接下一批客人。

**秉宗祭祖**

当迎宾的队伍出发后，各房族祭祖的负责人便开始在古碑群前摆放供桌与供品，一个房族一张供桌，只见十几张供桌一字排开，每张供桌上中间靠上的位置放一香斗，香斗内供着用红纸打印的祖先牌位，牌位上画有花瓶、元宝等图案，中间有"××家族先祖先灵之位"字样，两则分别写着"是吾宗支""普同供养"。牌位前插两支红色蜡烛，蜡烛之间燃三炷香。香斗前方摆满了丰盛的供品，有猪头一个，竹制酒杯三盏，整鸡一只、上插筷子一双，整鱼一条，糯米饭两屉、每屉三个，粽子两挂、每挂六个，新摘的稻草一束，烧纸若干沓。

图4.3　秉宗祭祖（滚明建　摄）

11时许，迎宾的队伍返回摆古场，在供桌前列队。每张供桌前站着一名族长，其后一排为瑶白的小孩们，第三排为女性老者，第四排和第五排为年轻的姑娘们，第六排为回娘家的妇女们，第七排为瑶白文艺队的姑娘们，第八排为瑶白文艺队吹芦笙的小伙子们，队伍的最后一排为举着族旗的人员。秉宗祭祖开始，由一寨老当司礼生，用侗语唱礼，各房族子女在桌前行礼。祭祖词及祭祀礼仪如下（汉字记侗音）：

　　寿、寿、寿，请押同尧办麻。

扣乃扣没雾，西拟托龙咱乃能，扣乃扣没帕，西拟托龙咱乃那，押叶同尧株团寨，宁同尧护百姓。

加没奴，加没尧郎我众生，坐多大寨地名，叶或虚向，宁或虚主，笨或晡灵，宁或馁正。

初上香：初献祖宗一炷香，今日满寨喜洋洋，摆古佳节来祭祖，风调雨顺荷泰康。

亚上香：亚上宗亲二炷香，祖先之德志难忘，岁焾年丰歌大有，老增福寿少添郎。

三上香：三献祖宗三炷香，政通人和时序昌，百福千祥来庇佑，吉星高照降祯祥。

拜祭奴，拜祭尧镇押金闷宁龙、老沄坛、龙坛、组坛、官坛、岩坛、考化考曾、三普高弄、义普旺地、四哺富仁、海龙蛟、铜钱网、号哉官（细）、化头、富宁曾、三包卷、绞七、绞由、绞来、金（银）重寨岑（架）铜钱关、三绞丘、宁富你催、我哺金德、奥包岩、奥哉时、铜钱宝、汉宁欧、镜台满。万氏、彭氏、宋氏先灵。太公（婆）、高公（婆）、曾、祖、考妣、老不题名，少不题字，凡是镇牙金各姓祖先请肖一户当十，请肖一十当百。请肖肖鲁麻，肖罗国麻，尧銮算西央生，銮镇西央盖，请肖千灵同降，万灵同垂。桑国豆、请国豆的凡系镇牙金的先祖先灵，也请麻或来或与。

架香跟，鲁作揖，一鞠躬，二鞠躬，三鞠躬。（跪、叩首、叩首、三叩首）。

馁虽生，三或王闷，四或王吗，叶朱从秋，宁朱从黄，五或黄闷，六或王吗，高画阳刃，身画血光，推架故台多得台热，故麻领高，得麻领顿。

托爱虽，押恩麻龙神归，推架故台多，种种雷落一。

木背跳栏同，木拢跳栏并，故台多得台热，故麻领高得领顿。

鲁作揖。一鞠躬，二鞠躬，三鞠躬。（跪、叩首、叩首、六叩

## 第四章　长桌摆古：节日组织与流程

首）。

步教推雷故冈玉帝的笨，得地黄道的时，初五良吉，初六良辰，笨乃打摆古节，焚香钱帛，明灯米粮香花果品，浓老斟酒，连斟三献。

初献酌。琼浆玉液杜康留，奉献祖宗喜气浮，时逢佳节来祭祖，伏希钦饮葡萄瓯。

亚献酌。亚献祖先酒二爵，祥光结就集政和，葡萄液光重重献，满境康宁无限乐。

三献酌。三献神灵酒三樽，祥光瑞气全境盈。天高地厚君恩远，祖德宗功师范长。敬劳跟，鲁作揖，一鞠躬，二鞠躬，三鞠躬。（跪、叩首、叩首、九叩首）。

（听读祭祖文）

伏以，敬宗祀祖，典重追源，时逢炎夏，节届摆古，抚时生感，敬宗念祖，探本溯源，酬恩报德，恭维我祖考妣，功高衍庆，德厚流光，创千秋之伟业，奠百代之鸿基，积福以贻子孙。兰馨桂馥，行仁而昭世泽，显族扬宗。裔孙等，食德难忘，酬恩靡已。际兹摆古节至，虔备牲礼之仪，用展乌思之意。伏祈鉴享。还期庇佑，俾炽俾昌，瓜瓞绵绵。兰桂腾芳，箕裘焕彩，俎豆增光。美哉尚飨。

左来领受，右来领纳，千灵共杯，万灵共盏，先领在前，乞保在后，保佑镇牙金子孙，一年十二月，一问十二时，灾星国冬，牙慢国没。

春三月、夏三月，秋三月、冬三月怪火，五方五路怪神怪异、上不到门前，下不到门后。肖坐中为主，招呼考亚丰收考所满，借没借没，六月开所救镇别。借下借下，六月开所救镇淼。

保佑仕者加官晋级，心想事成；读书者金榜题名，翰林榜眼状元郎，老添寿少添福，儿孙代代出功名。劳钱的日进斗金，夜进斗银，医者通神，百草救万民。

何国冷盘，讲国冷便，麻没三巡，派没三献，上马之杯，钱财奉送，各归原位，镇守方隅，莫惊莫动，莫走莫移。关男成对，关女成双。年老增百福，年少集千祥，笨（宁）细送金（银），叶（宁）细送腊（孙），斗教借派长胎派将，年乃又年仁，朝仁又朝正，上古三千，盘古义万。化财多有多分，少有少俵，得钱共用得马共骑。招呼堂村家发人兴，全境安宁。

**这段祭祖词的汉译文如下：**

前传后教口传心授诸位宗师、师公、师父，请降香台位前，方方有请昭彰，处处有求感应。

这岭岭有雾，十二条龙这里睡，这山山有叶，十二条龙这里歇。早为我们保村寨，晚为我们护百姓。你莫惊莫动，莫走莫移。

还有谁，还有我护寨福神郎我众生，坐镇大寨之中，昼为祈福，夜亦为主。早是祖宗，晚为慈母。

初上香：初献祖宗一炷香，今日满寨喜洋洋。摆古佳节来祭祖，风调雨顺贺泰康。

亚上香：亚上宗亲二炷香，祖宗之德志难忘。岁稔年丰歌大有，老增福寿少添郎。

三上香：三献祖宗三炷香，政通人和时序昌。百福千祥来庇佑，吉星高照降祯祥。

拜祭谁，拜祭我镇押金全寨各家族祖先男女老幼先灵：开寨龙姓，四父富仁老瀛坛、龙坛、组坛、官坛、岩坛、海龙蛟、铜线网、号哉官、号哉细、考化、富宁亲、三包卷、绞七、绞由绞来，铜线关、三绞丘、宁富你催，下寨五公奥包岩、奥哉时、铜线宝、汉宁欧、镜台满，万氏、彭氏、宋氏先灵，太公太婆、高公高婆、高曾祖考妣，老不题名，少不题字，凡是我镇押金各姓祖先，请你一声当十，请你十声当百，请大家千灵同降，万灵同随。请你们，

## 第四章 长桌摆古：节日组织与流程

你们要来。若然不来，我周围相请，周边喊叫。想不到请不到的我村先祖先灵，也请来同台同桌。上香相请已毕，大家作揖，一鞠躬、二鞠躬、三鞠躬。

田鲤鱼，三月犁田，四月插秧，替我日看田亩，夜守禾苑。五月端阳，六月佳节，身披血光，作为佳肴，摆上桌席，请祖先品尝。猪拉出圈栏宰杀，做成刀头，摆上四方长桌，供奉祖先，伏乞前来领受，后来领纳。我们选定天上玉帝的吉日，天下的黄道吉时，初五好日，初六良辰，今天过摆古节，奠祭祖宗，焚香钱帛，明灯米粮，香花果品，浓老家酒，连斟三献。

初献酌：琼浆玉液杜康留，奉献祖先喜气浮。时逢佳节来祭祖，伏希钦饮葡萄瓯。

亚献酌：亚献祖先酒二爵，祥光结就集政和，葡萄液光重重献，满境康宁无限乐。

三献酌：三献神灵酒三樽，祥光瑞气全境盈。天高地厚君恩远，祖德宗功师范长。

敬酒毕，大家作揖，一鞠躬，二鞠躬，三鞠躬。

（听读祭祖文）

左来领受，右来领纳，千灵共杯，万灵共盏，先领在前，乞保在后，保佑镇牙金子孙，一年十二月，一日十二时，三灾不染，八难不生。

春夏秋冬，孟仲季三月，怪火、五方五路怪神怪异、上不到门前，下不到门后。祖宗坐中为主，保佑五谷丰登好收成，前仓满后仓存，六月开仓救万民。

保佑仕者加官晋级，心想事成；读书者金榜题名，翰林榜眼状元郎，老添寿少添福，儿孙代代出功名。挣钱者日进斗金，夜进斗银，医者通神，百草救万民。祖先遗留的文化财富，政府重视，政策扶持，感谢上级关心，群众拥护，又有祖先阴佑，才有如今美景。

情表不尽,话说不完,来有三巡,去有三献,上马之杯,钱财奉送,各归原位,镇守方隅,莫惊莫动,莫走莫移。关男成对,关女成双。年老增百福,年少集千祥,日送金,夜送银,送子送孙。日复一日,年去年来,天长地久。上古三千岁,盘古二万七千年。化财多有多分,少有少俵,得钱共用得马共骑。招呼家发人兴,全境安宁。

祭祀完祖先,鸣放长长的鞭炮。至此,上午的仪式活动正式结束,人群散去,宾客到就餐处(几户人家的家中)吃中午饭。

**祥牛踩堂**

13时30分许,用餐完毕的人群陆续集中到摆古场周边。寨老、文艺队演员与村民们相继就位,准备着摆古节开幕式。

14时,三声铁炮响起,"摆古"开始,一位老农身披蓑衣,头戴斗笠,肩扛锄头,缓缓走进摆古场,他似乎在四处张望寻找,然后在东南

图4.4 房族入场(李生柱 摄)

第四章　长桌摆古：节日组织与流程　　　101

西北中五个方位分别做挖地的动作，面带喜悦之情，这是在演绎祖先当初寻得瑶白宝地的场景。接着，老农焚香烧纸，跪拜天地祖宗，表示在瑶白定居了下来。这时，另一位老农扶着犁耙、牵着披红的水牛入场，绕场三周，同样面带喜悦，以示得到耕种良田。整个过程叫作"祥牛踩堂"，再现了瑶白先民迁徙定居、寻求耕居室地的原始情景。

图 4.5　祥牛踩堂（李生柱　摄）

**踩歌堂**

在歌堂古树下，几位侗族妇女用雄浑的嗓音唱起欢迎歌，歌词大意为：我们的领导和亲戚朋友们，一心邀约你们来休息欢心，约请大家到这里摆段故事，摆摆我们瑶白村史的苦情。歌声一停，鞭炮齐鸣，大号长呼，铜锣喧天，龙氏家族的旗手扛着一面绣有二龙抢宝图案的大旗首先步入摆古场，滚、杨、范、龚、耿等姓氏的旗手扛着族旗浩浩荡荡进入，这是按照各姓氏先祖迁入瑶白的顺序入场。随后芦笙队、表演队、身着长袍马褂的寨老们，头包侗帕、身穿对襟衣的汉子们，戴着银饰身着盛装的妇女们，还有应邀前来的邻县邻村的代表队纷纷进入摆古场，人们挑着五谷、酒坛、鸡鸭、肉食,扛着纺纱织布机、耕作农具,捧着侗果、糖果、水果等,以顺时针方向绕圈,摆古场上一片欢腾,大旗飘扬,男女老少上百人欢歌踩堂。

**长桌摆古**

14时30分,摆古节最核心的部分长桌摆古开始了。只见,摆古场正中,二十多张桌子连成一排,桌子上摆着酒葫芦、整鱼、糯米饭、粽子、苹果、香蕉、西瓜、瓜子、饼干等供品。瑶白各房族族长与摆古师、艺人依次坐在左边,重要宾客坐于右边,他们的身后站着身着盛装的男女青年们,男青年吹着芦笙助兴。

图 4.6 长桌摆古(滚明建 摄)

"摆古"分说和唱两个部分,有评说、词贺、飞歌、大歌等表演形式,整个过程分"引子""腊耸""或板"三步曲。引子就是开场白。"腊耸"为古侗语,"腊"是"念""说"之意,"耸"是"话"或"文",这里特指韵文,即侗族"垒词"或"款词"。"或板"也是古侗语,"或"是"做""搞"之意,"板"指"能唱的韵文","或板"指唱的部分。摆古的表现形式就是"说唱"艺术。

摆古时,先用引子交代摆古的缘由,接着插入侗族古歌作起兴过渡。然后依次叙说侗家人和瑶白村的历史,从盘古开天辟地、人类起源,到民族迁徙、朝代更替,再到中华民国、中华人民共和国乃至改革开放发生的重大历史事件,涉及姓氏来历、婚嫁习俗、人文景观、丰收景象、生活情况等(详见第九章"长桌摆古辞")。接下来,摆古师号召人们谨遵古礼,继承侗家人的优秀传统,革除陈规陋习,承前启后,继往开来,开创美好生活。最后,还要感谢宾客与乡邻亲友的光临。摆完之后,以歌收尾。

在演述形式上,"摆古"的说唱者有主客之分,在主方的古师摆完一个内容后,主方众人紧随唱歌,遇到盘问或夸奖或谦虚时,客方的古师就接过话题开始"摆古",一个内容结束后,客方众人也要唱歌。整个"摆古"过程就是这样的循环反复,其中时常穿插有主客互相敬酒、恭喜祝福、道贺致谢等内容,众人唱词多触景生情、随机应变。

**大戏祝贺**

长桌摆古结束后,便是大戏祝贺,这是摆古节中不可缺少的环节。瑶白梨园太和班登台演出《三星赐福》和《天官赐福》两个节目,为村民祈福。在《三星赐福》的节目中,三位大戏演员扮演三星,福星居中,手执如意;禄星居右,头戴富贵牡丹花;寿星(南极仙翁)在左,广额白须,执杖捧桃,慈眉善目,笑容可掬。三位演员表演浮夸,时而手舞足蹈,时而颂调连绵,时而幽默诙谐,引得观众捧腹大笑。

在道教信仰中天官、地官、水官,合称"三官"。天官赐福,地官赦罪,水官解厄。因此,天官被视为降幅之星。在《天官赐福》节目中,一位演员装扮成天官的模样,面戴"加官脸"(一种作笑容模样的假面具),一身朝官装束,红色袍服,龙绣玉带,手执朝笏,足蹬朝靴,走上台来,反复绕场,"笑"而不言,舞而不歌。过了一会,开始表演

图 4.7 《天官赐福》（李生柱 摄）

"跳加官"。"天官"边舞蹈边向台下展示手中的红幅，上边写着"加官进禄"之类的颂词，祝福看戏的观众禄星高照，升官发财。接着是"打彩"环节。"天官"反复亮出"福""禄""寿"的赐福字牌，观众择其所需以红彩（钱币）投击。凡投中字牌者，意味着吉星高照、时来运转，全场欢呼祝贺。投偏时，大家为之惋惜。若差之甚远，则被众人嘲笑一番。打彩所得收入，瑶白太和班会张榜公布，并由寨老和村委商定用于村子的公益事业。

《三星赐福》和《天官赐福》契合了当地人对美好生活的追求，又不失喜庆热闹的氛围，且观众能亲自参与其中，因此成为摆古节中最受欢迎的节目之一。

**吹笙舞蹈**

踩堂后，青年男女进场吹奏芦笙，表演传统民族舞蹈，如《侗乡乐》《同心堂》《花灯舞》等节目。

**文艺晚会**

晚上，参加摆古节的客人到村中的亲戚朋友家或特意安排的农户家吃晚饭。席上，又是摆古、喝酒、唱歌。吃完晚饭，再次聚集到摆古场观看文艺晚会。文艺晚会由瑶白文艺队联合彦洞文艺队、黄门文艺队、平秋供销社文艺队、回娘家文艺队等共同完成，节目以舞蹈为主，夹杂歌唱、快板等节目。

表4.2　　　　　　　　2015年瑶白摆古节文艺晚会节目单

| 演出顺序 | 节目名称 | 节目类型 | 演出队伍 |
| --- | --- | --- | --- |
| 1 | 家乡美 | 舞蹈 | 瑶白文艺队 |
| 2 | 小苹果 | 舞蹈 | 彦洞文艺队 |
| 3 | 好收成 | 舞蹈 | 黄门文艺队 |
| 4 | 歌颂家乡 | 快板 | 回娘家文艺队 |
| 5 | 侗家小歌台 | 舞蹈 | 瑶白文艺队 |
| 6 | 山丹丹花开红艳艳 | 舞蹈 | 彦洞文艺队 |
| 7 | 七月火把节 | 舞蹈 | 黄门文艺队 |
| 8 | 瑶白颂 | 快板 | 彦洞文艺队 |
| 9 | 女儿会 | 舞蹈 | 黄门文艺队 |
| 10 | 开门见喜 | 舞蹈 | 平秋供销社文艺队 |
| 11 | 天竺少女 | 舞蹈 | 回娘家文艺队 |
| 12 | 中国美 | 舞蹈 | 瑶白文艺队 |
| 13 | 月亮 | 舞蹈 | 彦洞文艺队 |
| 14 | 天仙配 | 舞蹈 | 黄门文艺队 |
| 15 | 瓜阿歌 | 歌舞 | 回娘家文艺队 |
| 16 | 竹楼情歌 | 舞蹈 | 瑶白文艺队 |
| 17 | 宠爱 | 舞蹈 | 彦洞文艺队 |
| 18 | 幸福万年长 | 舞蹈 | 回娘家文艺队 |
| 19 | 欢乐跳吧 | 舞蹈 | 瑶白文艺队 |

图 4.8　侗乡圆舞曲（滚明建　摄）

### 民歌对唱

对唱民歌环节一般在下午和晚上举行，有登台赛歌和围堂对歌两种形式。登台赛歌有瑶白民歌协会组织，从 7 月 21 日晚上开始，由于报名参赛人员众多，常通宵达旦的进行比赛，村寨整晚被歌声环绕。在过去的时候，摆古节期间是青年男女在行歌坐月、互诉衷肠的好时机，若双方有意便交换信物，订下终身。

### 放牛打架

放牛打架，侗语叫"鞍瓦"，也就是斗牛。它是九寨地区十分流行的民间竞技活动，也是"摆古节"中颇具特色的节目表演。"鞍瓦"时，也分主客的牛对打。打赢的，要放炮祝贺，披红挂彩。

**闭幕式**

7月23日，中午12时，在摆古场举行摆古节闭幕式。来自彦洞村、九勺村和回娘家代表队代表作热情洋溢的感谢发言，用民歌相互答谢并赠送锦旗，颁发各类比赛的奖项。摆古节组委会向客人们赠送锦旗、侗器等纪念品。分别之时，炮声四起，笙芒齐奏，鼓角相闻，笙歌不断，各路宾客踏歌作别，好不热闹。

**回礼**

摆古节结束的当晚，瑶白要派出几名代表去彦洞村给回娘家代表队回礼。回娘家代表队设宴款待娘家人，席间大家把酒言欢，对歌诉情。吃完饭，燃放一挂鞭炮，瑶白代表们回村。

综上，"瑶白摆古节"是集说唱、祭祀、歌舞、游艺、社交于一身的地方传统节日，呈现出多元化、多样性、群体性、民族性与地域性的显著特征，它既为当地的侗家儿女提供了一个交流沟通的场域，又是民族服饰、民族语言、民俗技艺等展演与传承的重要载体，在实现民族认同、整肃社会关系、维系社区秩序等方面发挥着不可替代的功能。

## 坚守与嬗变

近年来，在少数民族文化遗产化的浪潮中，瑶白摆古节不可避免地发生了嬗变。所谓遗产化，即"把原生态文化建构为文化遗产的过程，表现为民族传统文化被制度化、结构化、符号化，结果则是少数民族文化发生从边缘到主流的位移，跻身于国家话语体系"[①]。若以时间来计，

---

① 郑茜:《单数的文化？复数的文化？——2014年中国少数民族文化现象年度回顾》，《中国民族报》2014年12月26日。

摆古节遗产化的过程是有迹可循的，参见下表。

表4.3　　　　　　　　瑶白摆古节遗产化大事记

| 时间 | 事件 |
| --- | --- |
| 2004 年 | 瑶白村被锦屏县政府评为"文明村寨" |
| 2005 年 | 瑶白被列为黔东南州重点民族文化旅游村 |
| 2007 年 5 月 | 摆古节入选贵州省第二批省级非物质文化遗产名录 |
| 2007 年 7 月 | 贵州民族学院（现贵州民族大学）师生一行 16 人普查瑶白的非物质文化遗产，为期一周 |
| 2007 年 11 月 | 黔东南州政协主席粟多能考察瑶白非物质文化遗产 |
| 2008 年 | 瑶白被列为扶贫开发整村推进村，获得资金 87 万元。摆古场即在此时完工。 |
| 2008 年 8 月 | 人民日报社、新华出版社、人民出版社等单位记者或工作人员采访瑶白 |
| 2009 年 6 月 | 贵州省人大常委会副主任到瑶白调研 |
| 2011 年 | 瑶白被贵州省侗学研究会授予"魅力侗寨"称号 |
| 2014 年 | 瑶白入选第三批"中国传统村落"名录 |
| 2015 年 7 月 | "摆古节"被列为国家社科基金重大委托项目"中国节日志"的子课题 |

上表向我们清晰地展示了瑶白摆古节在最近十几年间一步步被遗产化的历程。其中，政府是主导，通过资金资助、授牌或纳入名录等方式让瑶白和摆古节由边远小村寨进入国家主流话语体系，获得了官方的认可，进而成为侗族文化的典型代表。新闻媒体起到了推波助澜的作用。中央电视台、《人民日报》（海外版）、《中国民族报》、贵州电视台、《上海英文星报》等媒体先后对瑶白摆古节作过报道，从而使摆古节在国内外有了一定的知名度和影响力。此外，学者及学术团体也通过田野调查、学术研究、课题立项等形式在摆古节遗产化过程中发挥了积极的作用。

随着瑶白摆古节遗产化进程的推进，其知名度与影响力日渐增长，越来越多的人慕名前来过节。以 2015 年为例，除了瑶白村民，摆古节的参与者还至少包括如下几类：

（1）节日组织者：州、县、乡各级政府官员，公安、消防等部门工作人员。

（2）节日参与者：彦洞乡兄弟村村委领导，彦洞文体队，彦洞斗牛协会，黄门村文体队，瑶白回娘家队，前来参加斗牛、山歌、斗鸟、篮球等比赛的选手。

（3）节日的调查者与记录者：专家学者、当地电视台、摄影爱好者等。

（4）各类做生意的小商贩。

（5）外来观看节目的普通观众。众多参与者的到来，让摆古节从一个自娱自乐的社区节日变成了声名远播的民族文化大展演的舞台。

据初步统计，2015 年摆古节的参与者人数达到了上万人，这对于交通不便、公共空间狭小的山地村寨而言是一个庞大的数字。相应地，数量巨大的参与者也对摆古节的节日组织、展演形式与节目内容等也产生了很大的影响。具体而言，就是组织更加规范化、宣传更加现代化、流程更加固定化、表演更加舞台化、内容更加同质化，等等。

瑶白摆古节的筹备摆脱了山地村寨以往那种较为松散和随意的模式，由锦屏县、彦洞乡两级政府顾问和协助，瑶白村两委具体领导，瑶白民族文化协会具体承办，并成立了瑶白摆古节筹备组，设组长与成员。而且，每一个重要的内容板块均由专门的协会来负责组织与运行。此外，还有接待组、伙食组、安保组等临时成立的部门。彦洞乡也派出部分警察、消防与医疗力量来协助维持秩序，保障节日安全。

在节日的宣传上，瑶白村也破旧立新，不仅印刷了精美的大幅海报，还提出了一些宣传口号，努力展示民族文化并向官方主流话语靠拢。比如，2015 年摆古节的口号有："传统摆古、魅力瑶白""弘扬民族文化、展示北侗风情""古风遗韵六月六、瑶白人民欢迎您"等。不仅如此，摆古节组委会对于重要的嘉宾都会发放邀请函或打电话亲自邀约，瑶白村民也利用QQ、微信等现代媒介发布摆古节的相关信息，广而告之，亦吸引了大批观众。

在节日流程中，摆古节在保留原有核心习俗的基础上也增设了许多新的内容，比如增设开幕式、闭幕式环节，安排各级领导讲话，这是对政府权力介入的积极回应，但同时也压缩了其他核心节俗（如摆古）的展演时间。作为现代体育竞技的主要项目，篮球赛在锦屏一带广受欢迎，因此摆古节把篮球赛增设为主要内容，分男篮和女篮，吸引了大批青年人积极参加。

由此观之，在经历了十几年持续不断的遗产化建构中，瑶白摆古节完成了从地方性节日向北侗文化代表、少数民族节庆代表等文化标签转变，并由此面向市场，成为获取经济或其他效益的文化资本。同时，摆古节的功能也发生了部分演变，从原本满足村民生产生活或精神之需、整肃村寨内部或村寨之间社会关系，转向展示民族文化、传承民族遗产、塑造文化品牌上来。概言之，经由遗产化和资源化的编码与重组，原本处于边缘的摆古节已成功跻身于全球化的运行轨道之中。然而，不容忽视的是，在此过程中，摆古节传承的某些风险也日渐显露，比如节日的神圣性日趋淡化；节日意义有同质化的趋向；过多的外来者（如外来的摄影爱好者）在增加人气的同时，也往往会干扰到节日的正常进行，有时甚至会直接影响仪式的操演，等等。这些现象值得我们持续关注。

# 第五章

# 敬天法祖：摆古节与祖先崇拜

相较于虚幻缥缈的神灵，与自己有血缘关系的祖先具有更为具体的、更可感知的形象，也更容易被瑶白人视为精神的寄托。祭祖既是瑶白人的日常信仰实践，也是节日、红白事等"非常仪式"中的信仰实践。尤其是在摆古节期间，祭祖成为最为核心的仪式环节，是摆古节获得神圣性与权威感的资源。

## 祖先观念

瑶白人有着根深蒂固的祖先观念，认为今日的一切均有祖先披荆斩棘、艰苦创业所得，祖先功德永垂后世；祖先阴魂能保佑后世子孙昌盛繁荣。祖先要经常祭祀，不敬祖先，往往会得罪鬼魂，招来灾祸。因此，若家中诸事不顺、厄运连连，便要请来道师做法，驱鬼驱邪。若家中喜事连连，好事不断，会认为是祖先的庇佑，要烧香祭祀一番。

清代中期以前，家户在火炉房和门外祭祀祖先。后受汉文化的影响，在堂屋正中后壁，安设神龛或神柜①，张贴姓氏神榜，并立"天地

---

① 神龛或祖宗牌位也是家族记忆保存载体。比如，瑶白统一姓氏之后，改为"滚"姓的那些异姓家族为了使后代不忘根本，记住自己原来的姓氏，常把原姓氏写在或刻在神龛、宗祖牌背面，或者编成家族故事，利用口头的方式代代传承。比如，瑶白杨氏先祖滚龙宝的墓碑碑帽就刻有"另一天"的字样，中华民国初年，杨氏家族据此恢复了姓氏。

图 5.1 神龛（李生柱 摄）

君亲师"牌位，上置香炉，每逢节日、红白事或其他重大事项均要在桌上摆上供品，点灯烛，烧香，化纸钱，陈词祷告。另外，在家中火炉房的某个角落也要设祖先神位，早晚饭前供奉，就餐前，先在饭碗上立筷，默祷"老人先吃"，而后自己才端碗。饮酒举杯前，用筷子蘸几滴洒在地上，然后点一滴于眉头处，这也是敬献祖先之举。有的人家还在大门外设一小龛，供奉那些客死在外或非正常死亡、不能入神龛的祖先。

瑶白人注重祭祀祖先，除日常的家庭祭祖之外，一年之中还要在清明、过年上坟祭祖,在摆古节和侗年举行集体祭祖仪式。家庭祭祀只奠祭本家祖先,集体祭祀则要举行村寨集体性的祭祀仪式,各房族族长带领族人参加,设祖先牌位,燃香烛纸钱,献刀头酒鱼,时鲜果品,粑粮米饭,行合掌作揖礼或跪拜礼,寨老念祭祖词及祭祖文。

## 祖坟招魂

在瑶白,倘若家中有人身体不适,便认为是祖先(尤其是刚过世的老人)在"关心"他/她,把他/她的魂魄带走了。此时,便要举行招魂仪式,即带着供品到老人坟前祭祀,把魂招回来,故又名"与祖先分饭"。

招魂前,需要准备的供品有一碗糯米饭,上面放一个鸭蛋,鸭蛋要磕开一个小口;一束香,一沓烧纸(三张一叠),一碗油茶,酒少许,两块肉,一双筷子,一捆松树皮。还要带一把镰刀,用来分饭。招魂时,事主本人不去坟前,要请一主一客前去。倘若事主为女性,就请一名本家的妇女(主)和一名亲戚家的妇女(客)前去;倘若事主为男性,就找一名本家男性和一名亲戚家的男性前去。

招魂日,事主家要早起,煮油茶,准备供品,待帮事的人到后,吃碗油茶,然后带上供品就出发。一人用背篓背着供品,一人拿着那捆燃着的树皮,沿着崎岖的山路,向祖坟的方向出发。去时和回来的路上,两人都不能跟别人说话,否则魂儿就会跑了。来到坟地,在老人墓碑前摆一块肉,一杯酒,其余的供品都摆在坟头之上(这里的坟都凸出地面、棺材状,且用水泥砌成),筷子竖直地插在碗里,然后用那捆燃着的树皮点着香和纸,在坟前插三支香,坟上插三支香,同处本家族的其他墓碑前插一支香。烧纸时,坟前烧纸,坟上也要烧纸,还要给其他的先人们分点纸钱。此时,二人一边烧纸,一边念叨,大意是让事主的魂赶紧回家,不要在外游荡,家里的人需要他/她的照顾。边念叨边留意墓碑前的动静，若有虫子经过，则用烧纸把它捉住，包裹起来，此虫代表事主之魂，带回家，放到事主枕头下面，事主睡上几晚，魂便归来。

捉住虫子以后，便要分饭，用筷子把糯米和油茶均匀分开，用镰刀把鸭蛋切开，把筷子劈开。分好饭后，留一半给祖先，另一半带回家让事主吃。返程之前，把树皮的火熄灭，并把它带回家，烧掉。

# 侗家葬礼

当地葬礼讲究礼节，注重人情往来。凡有老人去世，皆请高僧释侣，诵经礼忏，超度亡灵。亲戚朋友自行登门吊丧，披麻戴孝，年轻人则义务争抬老扛，哀送登山。

老人在家寿终正寝，谓之"善终"，男逝称"正寝"，女死称"内寝"。弥留之际，凡子女及舅家人都被召集而来，围在床前，抓手把脉，听其遗嘱。当老人寿终，便请全房族人前来操办丧事。

### 沐浴更衣

老人去世后，先请一房族长辈到井边"买水"，为死者沐浴，并用它备清明茶给死者喝。沐浴后，男者剃光头，女的梳挽髻。牙齿完全者敲掉一颗，然后给亡者穿上寿衣。寿衣不用硬扣，带有硬扣的要剪去。寿衣裳一般三、五件（单数），白色内里，余色在外。裤子双数，亦白里外余色。

### 上梦床

沐浴更衣毕，用草席围着亡者，烧落地钱及功果阳牒，落地钱即冥币，要烧1斤3两，让亡者一路吃穿不愁。功果阳牒是记录亡者生前行善积德的"凭证"。鸣放鞭炮后，房族人把死者抬上设在堂屋的梦床，男躺左，女躺右。梦床是由18条刀把粗长短木条搭架，上置三或五张

（需单数）床板而成，床板上再铺纸钱、寿单在上面。前几年用寿被盖住死者身体，只露脸，现已不兴。然后，用纸钱盖住死者的脸部。梦床下置一茶水盆，盆上放一张筘，筘上置几穗禾谷及一盏油灯（即地府灯），床脚设一香案，焚香供奉。未入棺前，子女守于床侧，严防猫、狗爬跃尸上。①

图 5.2  瑶白葬礼（滚明建 摄）

## 那目交代

上梦床后，即行"那目交代"。用一根长绳，一头在楼脚捆住一头猪，一头绳子交到死者手中，道师或一长者用侗语对着死者念叨一些嘱托的话语，意思是交代亡者去阴间的路，以免堕入地狱，不能超升。内容如下：

---

① 当地有猫鬼之说，倘若死者被猫侵扰了，就会变成僵尸站起来，此时只能把那只侵扰过死者的猫抓过来杀死，否则僵尸会一直跳着。如果找不到那只猫，就把全村的猫抓来杀了，这样尸体自然倒下去。参见傅慧平、张金成《生命观视阈下的侗族丧葬仪式——以锦屏彦洞为个案》，《贵州大学学报》（社会科学版）2016 年第 2 期。

（汉字记侗音）××（亡者姓名），押人老麦命鸟多（六）西年却头，国命鸟多（七）西年却勒，阎王若扣奈何的。孝男××才押落气钱，走跟打便，走村大寨，要水麦水，要钱麦钱，故堆钱买，得堆钱分。才押条教，目拢跳栏同，目背跳栏并，手花交多押手些接，手些交多押手花堆。押堆豆半跟半便，银奴却押押白约，拉奴若要押拜才。交多押拜或克或借或言鸟。才押一罗拜或本，押送万托麻或利。押盘邦白打，盘邓白打，打盘当大。兄黑押堆拜，兄赖押送麻。鸟多角皮角介，七多大怒，白多口猜。故白差花，得白差些。才阴得宽心阳得自在。班转班，故转登咱，得现登镇。关男成对，关女成双。才阴安阳乐，满门康泰。

图 5.3 葬礼上的法坛（李生柱 摄）

（汉译）××（亡者姓名），你老人家有命在（六）十年之前，无命在（七）十年之后，阎王扣部耐不何。孝男××送你落气钱，走路过坝，走村过寨，要水有水，要钱有钱，上把钱买，下把钱分。送你一条绳子，公猪跳出栏板，母猪跳出栏圈，右手交你左手接，左手交你右手拿。你拿到半路半途，别人跟你要你莫给，何人想要你莫送。交给你拿去办吃办住。送你一头为本，你送万头来做利。阴间三条道，上条你莫走，下条你莫行，走中间那条。不好的你带去，好的你送来。你坐在屋角壁边，只用眼看，莫用口问。上莫差错，下莫差失。让阴得宽心阳得自在。班转班，上转登寨，下也登镇。关男成对，关女成双。阴安阳乐，满门康泰。

念毕，把猪杀了，请房族众人及舅家人来"洗手脚"，即召集大家商办后事。

**穿丧服**

舅公到来后，请舅公给长子理发，子女们披麻戴孝，即穿白色孝帕，死者第二代孙穿红色，第三代孙穿蓝色，小于死者辈分的房族人（期服侄、功服侄、孙）发给孝帕，以示满堂孝。

**超度亡灵**

请道师设坛开道，应荐，诵经礼佛。女的还要"踩灯""解血盆"，为死者超度亡魂。道师做法前要写一张度亡法会的程式单，并盖上法印，张贴在法坛，以告神灵。程式单从右向左竖着书写（繁体字），其内容为：

度亡法会启　法事筵开
弟子登坛　念诵如来
今将度亡法事列于后
××日
启师　请圣　诣灵　开道　天地　告敬
××日
观音　十王　弥陀　开经　诵经　东南二岳　礼忏　太岁　三元　午景　燃灯

××日

发丧　加持　除灵　化财　谢恩

天运××年××月××日（法印章）　给

图5.4　棺罩（李生柱　摄）

秉教叨行度亡法事　弟子××（法事名）
南无人天开教主本师释迦牟尼佛　证盟

登山之前，至亲以米、酒、菜油、黄豆、花生、冥钱纸等物来上斋。下葬前一日亲友集中孝家，送以米、祭幛、钱等为祭仪。

**选墓地、扎棺罩**

请道师择定安葬日期后，再请地理先生确定墓地方位。然后请人扎棺罩，棺罩一般两层，底层罩住棺材，第二层设回廊栏杆，中贴窗花，内层画"二十四孝""野鹿含花"等图案，罩顶则扎成四面卷檐，顶上扎一只展翅仙鹤，并裱糊一对金童玉女和两杆纸花。

### 请八仙

当地人称吹唢呐的师傅为"八仙",当地的红白喜事都要请唢呐师来吹奏乐曲,渲染气氛。当地的唢呐曲调多达 40 余种,红白喜所吹奏曲调完全不同,红喜在不同的阶段吹奏不同的曲调,比如在迎亲行进的路上吹奏"小过街""大过街""状元游街"等;在过船时吹奏"过渡调";在进屋时吹奏"小开门""大开门"等;其他场合吹奏"满堂红""鲤鱼上滩""鲤鱼下滩""青龙出洞""美女梳头""小排队""大排队""小请""拜公拜母""多谢"等。葬礼中吹奏的曲调有"登山调""过山调""放炮调""大得胜""老人起香""金鸡过山""攀理调""半夜调"等。值得注意的是,白喜有时可以吹奏红喜的曲调,但红喜决不可吹奏白喜的曲调。

### 写讣告

写讣告是为了向远近亲戚朋友告丧,请他们前来送葬。讣文中要简述亡者生平和生卒年、月、日、时,标明"内寝"或"正寝",以及下

图 5.5 客典(滚明建 摄)

葬之日。

## 登山

下葬之日，清早请人去挖墓穴，道师主持发葬入棺，也有提前入棺的。棺木以大杉木制成，六合为一，外加"护颅"两块，封住棺材两头，用生漆漆。男材盖凸头高大，女材盖平缓。此时棺盖不盖严，以供吊唁者瞻仰遗容。吉时一到，抬棺者捆绑抬架。抬棺者的人数根据送葬路途的远近而请。抬棺用两根大杠，两根小杠，每次四人抬棺，启盖一人另扛，轮番送至墓地。

瑶白葬礼中有一个特殊的环节，即要先抬棺至郎峩神碑前（村办公室对面，摆古祭祀祖先处）举行客奠仪式。道师开设祭坛，祭典亡灵，亲友送葬，寨人围观。孝子跪在棺材一头；另一头女婿跪向棺柩及灵府，行三跪九叩首之礼。祭典流程大致如下。

道师念：

伏以，远看此路腾腾，近看一柩灵。亡魂登仙界，仰望将来临。

暑往寒来（年往月来）春复秋，夕阳桥下水东流。将军战马（堂前萱草）今何在？野鹿含花（白鹤含莲）满地愁。

适逢孟（仲、季）春（夏、秋、冬），颠倒之纲，生死之规，人事之常。死者一去，生者难忘。聊具不典，奠祭路旁。老君留下金木水火土，生老病死苦；孔子留下仁义礼智信。自古有生必有死，英雄豪杰难免生死之路。生则未知去，死者未知归。花开有红有绿，人之有命于生而有死也。曾子曰：生事之以礼，死葬之以礼，祭之以礼。文公家礼以非常，济济排班在两旁。要行文公三献礼，稽首虔诚候上香。执事者各执其事，主祭者各尽其诚。

击鼓，鸣金，金鼓止。作大乐，作细乐，乐音止。

## 第五章　敬天法祖：摆古节与祖先崇拜

主祭者排班就位，整冠，圆领，束带，系足。跪，叩首、叩首、三叩首。兴，跪。道师接念：

香烟渺渺遍九垓，香结童子一尘垓。香气氤氲传香去，香接亡魂降临来。

特献龙筵三炷香，令人难舍又难忘。聊具衷情报答点，英灵不昧来格尝。

然后开始行三上香礼，初上香，道师念：

初上亡人一炷香，六亲百客泪汪汪。去速恩深今未报，惟留德义海天长。

亚上香，道师念：

亚上百合二炷香，抛亲弃友返仙乡。人生长短不一样，花甲注定也难当。

三上香，道师念：

三上兰膏三炷香，满堂儿女哭茫茫。金乌（玉兔）西坠留不住，恩爱失君备纸香。

上香已毕，兴，跪，叩首、叩首、六叩首。兴，跪。接着行三献酒礼。道师念：

酒是人间禄，神仙祖代留。三杯通大道，一醉解千愁。

特献重阳酒三杯，人人难免此西归。亡魂更尽一杯酒，西出阳关无故人。

初献酌，道师念：

初敬亡人酒一杯，人人难免此西归。了来天地为转舍，世代相哀泪暗挥。

亚献酌，道师念：

亚献亡人酒二巡，万般由命不由人。山中留得千年树，眼前不见眼前人。

三献酌，道师念：

三献佳酿酒一樽，当途拜奠亡人恩。英灵更尽一杯酒，西出阳关无故人。

献酌已毕，兴，跪，叩首、叩首、九叩首。兴，跪。道师念：

柔毛献柩前，主俄泪涟涟。三牲呈送事，共尽奈何天。

念毕，道师献刚鬣，念祭文，孝子匍匐听读祭文。祭文读毕，兴。化帛，退班，鸣炮扶柩登山。

登山途中，一人提一只引路鸡和一个笆篓（内装茶叶、米、禾谷、纸钱之类物品）前导，每行一段路（特别是岔路口）放一张纸钱和一穗禾谷。死者长子扛着引魂幡在前，领着本家男子前行，抬棺者抬棺前呼后拥跟进。孝家女眷随行，但只送至村头。其后是吹鼓手和道士，亲友、寨人亦送至村头方止步。

抬到墓地，孝子跪向墓穴，有人在墓穴四周放些朱砂、米、茶等，并将穴内脚印抹掉，铺些纸钱。人们拆抬架，将棺柩放入墓穴里，重新为死者整理衣裳。地理先生念咒招魂（阴魂入、阳魂出），再关殓，封棺，掩土。

**图 5.6　登山（滚明建　摄）**

**用丧宴**

送葬归来，孝家大屋门外置有一盆放有米及茶叶的水，来人都在盆里洗手，然后开始用丧宴。用丧宴，侗话叫"借赧托"，本意思是吃牛肉。据说，古代侗家人用白牛敬天，黑牛敬地，敬父有吃，敬母有穿。后人顺古人脚印，有钱的都宰牛请亲戚朋友吃丧宴，所以这个称呼一直延用，但大多时候吃丧宴未必能吃到牛肉。

**化财、过火**

当晚，道师主持在寨边为亡者"出灵""化财"，把子女、叔伯兄弟子侄及亲友正荐、旁荐赠送的冥财包和灵府牌位用火焚化。死者生前用过的衣服、器具等及子女们的孝服则在火焰上来回抱三次或飘撩三下（称为"过火"），表示亡者已领去及已与阴魂拆开。

### 垒坟、谢土

安葬后的第二天（也有过数日的），孝子女婿们带上工具祭品去墓上垒坟，请道士招龙谢土，女眷们则把死者生前自用之物（衣、被等）于坟边烧化与亡者。

### 走七

安葬满七天，孝子及房族中男子到舅家及女婿家"走七"除孝。舅父为孝子们脱去孝服，舅母象征性地为他们洗孝袍、帕，说些"脱下蓝衫换龙袍"的吉利话。至此，丧事才算结束。

对于那些不能善终者，当地有一套严格的葬法。未婚青年去世，不管男女，他（她）们的丧事由异姓青年料理，以寄托哀思。用大簸箕当梦床（少年儿童夭折亦是如此），尸体陈放于其上。未婚女青年亡故，本寨异姓男青年前来放炮送礼送葬，捐钱做棺木，缝衣裤鞋袜。登山时，争相抬送，不让老人参加抬葬。未婚男青年死了，由异姓女青年料理。给死者洗脸的是其生前最要好的女青年，她们把最心爱的东西垫在亡者枕头下，把亲手做的鞋袜给亡者穿上，用自己纺织的连心带（即侗族花带）为死者系在腰间。其他的异姓女青年亦赠送连心带，挂在死者坟头上，表示他们生前是好友，是情人。未婚青年的丧事简单，棺木临时购买、制作，不上黑漆，不请道师开道，不入祖先墓园，墓地另选，不立墓碑。

儿童夭折，亦不请道师，不用棺木，只用木盒子入殓，拿去荒坡上埋，一只撮箕盖住坟头，并用荆棘遮住。有的家长出于疼爱孩子，往往在小孩身体上某一部位烫上或烧一个香疤做成标记，过一段时间之后，谁家生小孩，若是相应部位带有那种印记，就被认为死去的孩子已经投胎转生。

当地人对非寿终正寝的死亡特别忌讳。那些因雷击、水淹、树压、滚坡、刀斧砍、毒蛇猛兽咬、吊颈、服毒、难产、坐月子等原因而死者，均被视为凶终。这类葬礼须请道师去山上用火烧尸，即火化。但火化须等秋后，播种至秋收前死亡者得先草埋，待秋后再挖出火化。火化时把尸体置于柴堆之上，道师设坛，念咒语，施法术，纵火向火堆中撒黄豆，收阴魂塞鬼路，不让其阴魂在阳间游荡转祸他人。捡骨灰带回入棺，方才按礼下葬。但不入祖先坟地，得另选墓地。凡客死他乡者，尸体（或骨灰）只能停在寨边①，道师到户外接亡。其葬礼与善终者相同。

从葬礼中的仪式行为可知，瑶白人深信灵魂（阴魂）的存在，灵魂可善可恶，可保佑子孙，也可祸害后代。正常死亡的老人会变成子孙后代的保护神，庇佑全家平安，人寿年丰。但若老人生前不被善待、死后不被祭祀，其阴魂可能会回来危害子孙，尤其是那些非正常死亡者更有很大可能会变成祸害子孙的鬼魂。因此，当地葬礼的诸多仪式设置是与死者进行隔离。比如，给死者烧落地钱与功果阳牒是为了让他吃穿不愁，好好上路，在阴间不受罪，这样也就不再回来打扰子孙。行"那目交代"也是嘱托死者好好待在阴间，不回阳间，以使阴安阳乐，满门康泰。房族众人及舅家人来到亡者家中要"洗手脚"，送葬归来众人要在孝家大屋门的水盆中洗手，还有化财、出灵、过火、走七除孝等仪式，都在借用水、火等驱邪之物象征性地与死者阴魂划清界限。至于那些凶终之人，更是要请道师做法强行驱离。从某种意义上来讲，瑶白人对阴魂与鬼魂的畏惧之心是他们祭祀祖先的观念基础。

## 祭祖与敬老

瑶白人的祭祖常常与敬老紧密相连，对祖先的敬畏之情让子孙后代

---

① 当地人特别忌讳客死他乡者的尸体从自己村寨中经过。在我们调查期间，瑶白邻村有一位青年死在外面，在他们运送尸体回村的那一天，瑶白村派人严守寨门和进村要道，以防凶死者的尸体从村中经过。

养成了敬老尊老的良好风气。他们认为，只有孝敬老人，才能得到祖先的庇佑；平日里对老人不孝敬，就没有资格对祖先鞠躬行礼，即使祭祖也不会灵验。这种根深蒂固的观念让敬老习俗在瑶白世代相沿。

保罗·康纳顿指出，"作为记忆本身，我们对现在的体验在很大程度上取决于我们有关过去的知识"①。老人是历史记忆、生产知识、生活经验的保存者与传递者，经由他们的经验与记忆，村寨与家族的历史得以传承。而且，越是年长的老人，越是久远的历史，就越具有不容置疑的权威和权力。这种权威和权力的基础，来自侗家人在文化上对于祖先、起源、老人等概念所赋予的价值。因此，老年人，尤其是寨老们，在瑶白的重大节庆或事件中扮演关键角色。过去的"吃牯脏""打春醮"，现在的秉宗祭祖、长桌摆古，都有老年人参与策划，组织实施，并且他们也是主要的摆古师，在集体性的仪式场合向年轻人讲述家族的历史，教化他们铭记过去，珍惜当下。每个家族都推举一名德高望重的老人来担任族长，主持族内大小事宜。每个村寨也都推举颇有名望的老人担任寨老，负责村寨事务的管理。

敬畏祖先、尊敬老人意味着遵循传统。"文化本来就是传统，不论哪一个社会，绝不会没有传统的。衣食住行种种最基本的事务，我们并不要事事费心思，那是因为我们托祖宗之福，有着可以遵守的成法。"因此，瑶白人在摆古节上的敬天法祖，祭祀祖先，表面上看是祈求祖先庇佑子女幸福安宁，实则在建立一种对传统古训的敬畏信仰，以此教化大众，常怀感恩之心，积德修福，光宗耀祖，以达家族繁衍生息、永远昌盛之目的。

---

① ［美］保罗·康纳顿：《社会如何记忆》，纳日碧力格译，上海人民出版社2002年12月第1版，第2页。

第六章

# 回娘家：节日里的亲属实践

在每年的摆古节中，总有一支身份较为特殊的队伍参与其中，它就是回娘家队。这支队伍由瑶白嫁到外村的女儿们自发组织而成，每逢摆古节，便为节日集资捐款，并积极排演节目，深度参与在节日期间的文艺演出当中。瑶白的通婚圈以彦洞为中心，近的有黄门、登尼、平秋等村寨，远的包括剑河、黎平的一些村寨。因此，回娘家队以嫁到彦洞的姑娘为主干力量，外加来自其他村寨的一些人，嫁到瑶白本村的姑娘有时也会加入回娘家队。队中有五六十岁的年长者，也有新嫁出的姑娘

图 6.1　回娘家队表演（滚明建　摄）

们,大家不限年龄,不分姓氏房族,共同组队,为家乡的摆古节贡献自己的力量。

## 姑娘田

前文论及,瑶白人十分重视后代绵延,对儿童养育格外关照。妇女一旦怀孕,便只从事轻微的劳动。从临近分娩到满月,房屋及周围严禁新的装拆、挖补。分娩前几天,大门上要悬挂避邪的草标。新生儿出生的第一天,家里派人带一只鸡(生男带公鸡,生女带母鸡,让人一看便知生男生女)和少许酒肉到外婆家报喜,并请外婆回来陪伴产妇及婴儿。外婆家则以来公陪母,来母陪公的规矩再打发一只鸡给报喜人带回。月内产妇多以鸡、蛋、肉类食物,不吃蔬菜,忌吃螃蟹、兔肉、糊饭。在行动上,不得出门串门,走出屋檐外必须戴斗笠或打伞,不得攀爬高处。

孩子出生后,为了使孩子免受病灾,往往取一些比较贱的乳名。等孩子满月后,请命理先生开列生辰八字,认真推算,根据命中所犯和所欠,便从金、木、水、火、土五行中取名或字,以补所欠或所犯。有的要寄拜干妈和自然物(古碑、古井、古树)、架桥、安凳、立指路碑等及戴保命手镯。

孩子出生是全家族的大事,要在婴儿出生后的第三天,请房族及亲戚中的女眷来给孩子添喜、当贵人,本家则煮甜酒、油茶、办菜招待前来祝贺的女眷,这叫打三朝。等到孩子满月,房族及亲戚中的女客再来祝贺,客人以米、鸡、蛋等为满月贺礼,主人则请族中妇女接待,用三分之二的糯米和三分之一的黏米浸泡水,捞出后磨成粉做成汤丸子,煮甜酒及油茶接待客人。席间,客人向主人唱贺生歌,主人也以歌相谢,相互敬酒。这叫吃满月酒,又叫吃汤饼。孩子长到一岁,房族及亲戚来祝贺,这叫吃花寿,又叫"晬盘"。来吃花寿的多为女客,以米、布、小儿衣服、鞋、帽等作为贺礼前来祝贺，外婆则特备花背带、包被等物件去祝贺。主人招待客人也像满月酒一样，煮油茶、做甜酒招待，外婆则格外受到尊敬，人们都争相敬她酒。席散后，主人家都要送客人三五个糍粑带回。

女儿虽然终归要外嫁，但也是家庭的重要组成。在九寨地区，待孩子长大成人，家庭财产的继承限于儿子，女儿只能享受平时的攒积和父母赠送的嫁妆品。但是，在瑶白、彦洞一带普遍存在一种特殊的习俗，有家务的人家以田地山林送给女儿，很多地方至今仍留有"姑娘田""姑娘山"，侗语称"亚雷""哒雷"。

另外，瑶白过去有"不落夫家"婚俗，即指新娘出嫁后的三年内不居夫家，一般是新娘嫁到郎家的第二天即转脚回门。新娘回娘家七天或半个月后，男方家派一妇人到新娘家接新娘来"转脚"，新娘在郎家住一两晚再回娘家长住。中华民国以前，新娘回到娘家后要三年才能转脚。此后，每至农忙或年节，抑或男方家族中有红白喜事，男方便派一妇人去接新娘回家，住上一两晚，再回娘家。直至新娘有了身孕，方落夫家。故有"侗家媳妇三年新"的俗谚。在娘家期间，女子仍和出嫁前一样，有享受玩山、凉月的自由。

## 侗家婚礼

婚姻是关乎家族与村寨存续兴衰的大事，历来受到瑶白人的重视。历史上，瑶白人的婚姻制度经历了一次又一次的改革过程，改革主要围绕通婚范围、"姑舅表婚"与婚礼仪式等环节展开。

最初，瑶白由于统一姓氏，全寨成为一家，寨内不得通婚，要到剑河县的大广、小广，锦屏县的正婆（现为婆洞）、正腊（现为腊洞）、正化（现为新化）、亮寨等遥远的地方去结亲。逢年过节，走访十分不便，亲戚之间不能常来往。后来，瑶白开始了"破姓开亲"的婚姻改革,其他姓氏陆续脱离滚姓,恢复原来的姓氏。寨内不同姓氏的房族之间开始通婚。

清代后期,当地盛行"姑舅表婚"习俗,舅家仗着木本水源之故,"舅霸姑亲"之俗泛滥。当地史料多有记载:"舅父姑要女转娘头""舅家之子必娶姑家之女""姑父有女,非有行媒,舅公姑要",等等。更有甚者,若姑女"随同后生私走,舅父要女匹配或搕数十余金,或以拐案呈控,或将屋宇拆毁"。不管男女年龄是否相当,男女青年是否情愿,只要舅家认定,就可强行逼婚或抢婚,甚至仇杀,"非诉讼于公堂,即操戈于私室,产荡家倾",房族及其他人不得干涉。可见,姑舅表婚俗不仅给侗族男女青年带来不幸和痛苦,还给村民经济上带来很大压力,生活上带来很大影响,由此而引起的社会与家庭矛盾越来越突出。

光绪十四年(1888),瑶白总甲总理滚发保,寨老滚天凤、滚必禄、范永昌,率各牌长滚玉宁、滚金珠、滚正魁、滚秀全、龚文举、滚锦添、滚昌文、滚开计、滚玉乔、杨永清、滚万益,与验洞(即彦洞)寨总甲罗天德等,将婚姻情形及改革意图禀告于黎平府,得到官府的许可批示。之后,他们便召集各寨头人会议,制定禁革条规,并于光绪十四年(1888)十二月初五日立下"定俗垂后碑"(参见附录"瑶白婚俗改革碑"),"勒石垂后,永定乡风,遗存千古"。条规指出:"女转娘头,此事原于禁例,现虽听从民便,但凡姑舅开亲,然亦须年岁相当,两家愿意,方准婚配,不得再仍前姑要。""愿亲作亲,方成佳偶。"至于舅公勒索重礼,以致造成"穷者益穷,富者益富,薄产尽归于人""此等之规剔除"。公议"以上户出银五两,中户出银四两,下户出银三两"作为"舅公礼"。财礼则分别为"十二两,九两六钱、七两三等","舅公礼"包括在内。指出此财礼"不过作认亲之仪,并不买卖相似",改革之条规提倡婚事从俭,反对铺张,"可省则省,概从节俭"。并把石碑立于村旁,昭示寨人,严肃条规,"为地方风俗起见,该民等务各遵照办理以挽颜风而免滋事""倘有不遵,定行提案严究不贷"。通过改革,"姑舅表婚"制受到很大抑制,强行婚娶,索取财物等习俗有较大程度改变。人们把石碑分别立于彦洞、瑶白两寨村旁，昭示寨人。这次婚俗改革，也积极地影响着其他侗族村寨和其他民族。

2000年，经彦洞、瑶白两村村两委倡导，多方征求意见，再对婚嫁的陈风陋俗进行改革，定下规约。结婚办喜事从时间上原来的六天改为两天，减少了人力、财力、时间的浪费，得到广大群众的支持和拥护。2008年两寨村两委再进一步修改。对操办宴席具体作出规定，反对铺张浪费。

受中国传统婚俗，瑶白人的婚礼大致包括问话（提亲）、定亲（吃定亲酒，侗语叫"借包络"）、亲迎（男方家称"借韶买"，即喝喜酒；女方家叫"借偶烧"，即吃糯米饭）、转脚（回门）等环节。但同时又具有侗族特色的礼仪传统，比如完婚期的卡舅公、包葫芦、摆古等习俗。

### 问话

问话，即"提亲"。若有男青年看中了哪家的姑娘，家里便会托一位善于言辞的老者或者与女方家沾亲带故的人前去探探女方态度。第一次登门，一般只拿些糖块，见到女方家长，拉拉家常，然后委婉表达出来意："某某家要我来你家讨碗油茶喝。"女方家长一听，便明白来意。但即便有意，也不立马答应，而是找些托词，考验一下男方的耐心。男方过段时间再托人上门，这次要带酒肉之礼，比第一次要重。若女方将礼物收下，并摆上酒席款待来人，便意味着"得话"，即同意这门亲事。否则，便要以"女儿尚幼不懂事"等话语婉言谢绝，并将礼物退回。侗家人认为"一步不能干塘水，一次哪能得个亲？"提亲不是一蹴而就的事情，要反复多次上门才能得到对方的答复。

### 订亲

提亲成功之后，便要喝订亲酒，正式确定婚事，一来告知亲朋两家结成亲家；二来表明女方已名花有主，只待婚期。届时，由两到三名男方房族中的长者拿着酒肉等礼物到女方家,酒葫芦用红纸贴上,肉用禾草象征性地包起,表示遮羞。女方家把礼物收下后办酒席,并请房族中的男性前来陪客。开席前,女方家要祭祀祖宗,鸣放爆竹,颇为隆重。

**订婚期**

　　双方择日再会面,以商定婚期(侗话叫"握我言")。一般先由男方提出,并委派房族中的两位长者带着酒、肉、糖果等礼物到女方家,具体数量为米酒8斤,肉1至2桌,每桌约10斤,糖果则根据女方家族户数多少来定,户均一至两斤。女方家摆好酒席,邀请房族内成年男性来陪客,商量结婚的事宜。若女方房族人口众多,带来的礼物不够酒席开支,超出的部分现在也由男方全部承担。酒席上,男方来宾谦虚地说明来意,把婚期告知女方,征求其同意,并询问要多少彩礼、酒肉、米粑等照哪种规约办理。女方或由一位长者当场告知男方,或经过商量后再选定吉日告诉男方。订婚宴上,双方把酒言欢,甚是热闹,非得把男方来客灌得酩酊大醉不可。

　　男方要送女方的彩礼一般为:送娘家肉12桌(每桌8至10斤),谢舅公1至2桌,转脚肉1至2桌,女家房族各户1斤,送伴娘1至2斤。大粑粑按当年月份一月一个而论,平年12个,闰年13个。彩礼以前大多取九两六为准,即九个大洋,另加六元钞票(有的"六"也按银折价)。1970年后,大都用人民币作彩礼。2000年后,一般彩礼为4000元至6000元之间,多者可达几万。

**卡舅公**

　　卡舅公,侗语名叫"借给宁",即"谢舅公",这是过去"姑舅表婚"的遗俗。在新娘过门成婚的当天,由女方一房族人陪同男方家来的一位"腊少"(即新郎的伙伴或兄弟)将彩礼的四分之一(现在为400元到600元人民币)及卡舅公的酒肉送至舅家。舅家接礼物后,摆酒设宴,请房族来陪客。之后,舅公将礼金的四分之一回赠给女方来客,带给新娘,并另打发女眷去女方家"借偶烧"(意为吃糯米饭,即吃喜酒之意),送贺礼。

### 迎亲

迎亲的当天,新郎与"腊少"们凌晨就要从家出发,带着酒肉和糖果到新娘家接亲。新娘与她的同伴们早早在家等候。当迎亲的队伍来到,新娘家用新郎带来的酒肉祭祀一下祖先,并做点简单的饭菜请大家吃,谓之"吃姊妹饭"。饭后,伙伴们打发新娘出门,新娘与父母亲道别,感谢父母的恩情,听从父母的嘱托,新郎也向岳父母说些感谢和宽慰的话语。吉时到后,由新娘的兄弟把新娘背出门外,大家相送出寨门,留两个伴娘相随至郎家。

### 过门

接亲一行人到达新郎家门外,若选定的吉时未到,则在门外烧一堆火,大家围着烤火等待。若正好吉时,便可直接进入家门。迎亲婆手执红包提着潲桶(装猪食的木桶)出门来迎接,她先说些吉利的话,把红包分给新娘及伴娘,然后让新娘提着潲桶跟着进屋,来至厨房,围着火塘转三圈,又说些吉利祝贺的话语,便让新娘及伴娘进房休息。家人鸣炮表示新娘已经过门。新郎家则杀一只母鸭,准备早饭。祭祀祖先过后,吃新娘进家门的第一餐饭,谓之"吃鸭肉饭"。

### 转脚

新娘在郎家吃过早饭后,由五个或七个"腊少"挑着礼物相陪回娘家,谓之"转脚",也就是"回门"。届时,一个"腊少"用扁担挑着两个酒坛走在队伍的最前面,后面跟着两个"腊少"抬着一扇猪肉(一百余斤),一个挑着一摞大糍粑,一个挑着按斤分好的肉(送给嘎公、房族、伴娘等人),一个放鞭炮,转脚的队伍浩浩荡荡,一路鞭炮声、嬉笑声不绝于耳,引得行人驻足观看。到娘家后,女方族人把酒肉按规矩一一分发给房族各户,"腊少"们也要逐一到房族各家中拜亲。然后,娘家摆"发脚酒",蒸糯米饭,宴请亲戚,并邀房族人相陪,因此,侗话称这顿宴席为"借偶烧"或"伴腊少"。前来参加宴席的亲朋好友都带着礼物来送给新娘。

来自新郎家的"腊少"们在女方家族男性的陪同下上席吃饭,男主人与"腊少"交叉坐好。依照酒规,先干三杯,再喝主宾见面酒,酒过三巡,才能吃饭。这时女眷及姑娘们都围拢过来看热闹,期间免不了插科打诨,戏弄"腊少们"。比如,只给他们添几粒米饭,或者往他们的饭中多放盐,等等。最有意思的当属给"腊少"们画黑脸。事先,新娘母亲邀约一群女眷,用锅灰烟调成墨水备用,发脚酒席开始,她们躲在围观的人群后偷看,主客双方说唱腊耸、理词、酒歌,当说到"叭麦高,马麦鬃"(意为两家结亲),即男主人暗示要画脸了,她们便出来往"腊少"们的脸上涂抹锅灰烟。给"腊少"画脸是一种闹伴郎的习俗,目的是增添婚礼中的热闹气氛。①

宴席期间,男主人与"腊少"们要一边喝酒,一边唱酒歌摆古,追溯祖先的婚姻起源,教育年轻人婚姻来之不易,要懂得珍惜。女方族人借机向"腊少"千叮咛万嘱咐,要善待新娘,和睦相处。现摘录两段摆古辞如下(前部分为汉字记侗音,后部分为汉译)。

女方主人:

(侗音)普言押,印铜鸟拿,印铁鸟沙,铜锣安卡,铜鼓安字。目背跳栏同,目拢跳栏并。堆架四方长台,故台多,得台勒,教一房一户,故领高,得领邓。转从报普言押,银奴细尧腊早亲,银奴细尧腊早恩,普言尧美花龙堕多普言押,年轻冒度,故恐防麦差花,得恐防麦差

---

① 当地传说,古时候,瑶白人结亲要到清水江那边的圣婆、圣化、亮寨去接亲。年轻人虽认得,未必老年人都认得;家里的人认得,未必族里人认得;族人认得,未必亲戚认得。由于亲妈认不出哪一个是新郎,所以在酒席上要对新郎打个记号。为什么打记号呢?老人在摆古上说:"叭麦高,土地国沙,马麦鬃,地拉国岭。"(即是说两家结亲后,土地得到开发,没有疆界)。"捺把宁捺夜,捺少宁捺得"(青年时住自己的久伴,成婚后记住亲妈的恩)。因此要打上记号,使大家都知道,这个就是郎崽。摆"发脚酒"给腊少画脸也就成了习俗。

## 第六章 回娘家:节日里的亲属实践

些,白或捺收捺亚拳头罢香,应要细良,坐要细告。走跟同押同江,走便同押同邓。同押略西年办借,七十年办登,高们同铺,那们同卷。叶七央同台,宁西央同当。布奴细尧腊早亲,布奴细尧腊早恩。普言尧,银奴细押普大亲,银奴细押普大恩。尧麦封八钱,大小礼,长短棍,鸭墨高,马墨棕。鸭墨高,地土国沙;马墨棕,地拉国岭。阻邓台叶邓当,阻叶国阻磨,阻能国阻过。差雷腊早亲,差欸腊早恩。国雷翻必两,了必留。白报普言尧高拍台身拍当。丑话在前,好话在后。豆教借拜呀胎拜将,别架桥美,教架桥进,千年不老万年可昧。

(汉译)今天你家,铜印在手,铁印在肩,大猪不肯跳栏铜,肥猪不肯跳栏板。拿到桌上摆,桌子摆不下。我们房族每房每户,都到来领,心满意足。转言交代,你们有的是亲郎仔,有的是侄郎仔,我家姑娘去到你家,她年轻不懂礼貌,恐防上有差错,下有差失,不要红脸白脸拳头巴掌,站要商量,坐要相告。让她走路与你同步,脚步同移。六十年生活,七十年家计,棉被同铺,睡被同卷。早同台,晚同凳。亲郎仔,侄郎仔!我们有的是你的亲岳父,有的是你的叔岳父,我有封礼包,大小礼,长短棍。有古礼,鸭画头,马染鬃。鸭画头,土地不差;马染鬃,土地无边。说话交代,话语交割,差得了亲郎仔,差不得侄郎仔,不可一了百了,那时莫怪我发火。丑话在前,好话在后。让我们长长久久,天长地久。别人架木桥,我们架石板桥,千年不朽万年不烂。

男方郎仔:

(侗音)普言押,美花龙堕多尧言,略西年办借,七十年办登,叶转炉,宁转杂,高多龙头,身多肚带。转从报普言押,银奴细尧普大亲,银奴细尧普大恩,捺把宁捺夜,捺早宁捺得。叶或虚向,宁或虚主,叶关男,宁关女,关男成对,关女成双。下麦普言尧,印铜国鸟拿,印铁国鸟沙,目背国跟目背,目拢国跟目拢。百炮国跟百炮,能登娘国跟能登娘，金银宝两国跟紧银宝两。故可堆忙麻去高，得可堆忙麻去邓。长长或猜，宽宽或龙。借押龙岑当照，龙脉当朝，办现登咱，灭现登镇，凡凡杯押的银钱，凡凡杯押的后班。豆教借拜呀胎拜将。

（汉译）今天你家姑娘，嫁到我家，六十年办食，七十年办穿，早在炉旁转，晚在做家务，马戴辔头，身加肚带。转言交代岳父们，你们有的是我的亲岳父，有的是我的叔伯岳父，我白面记女友，黑脸记岳母。你早替我为桩，晚为我为主，早关男，晚关女，关男成对，关女成双。至于说到我，铜印不在手，铁印不在肩，大猪不成大猪，肥猪不变肥猪。百炮不成百炮，水酒佳酿不成水酒佳酿，金银宝两不成金银宝两。上不知拿什么贵头，下不知以什么贵脚。不学耐烦学耐烦，万望海涵。借你龙岭当照，龙脉当朝，男的兴旺，女的发达。慢慢还你的银钱，慢慢还你的后班。让我们地久天长。

喝发脚酒后，新娘家要用一丈二尺长的布包着一个葫芦，里面放些钱币，连同亲戚送的布一起包着由"腊少"们背回家。当地有俗语说，"嫁姑娘，贴枕头，不打发嫁妆"，意思是只送一个葫芦就好。①

## 郎家喜酒

结婚当天下午便是正席，郎家大摆宴席，亲戚朋友拿着堂彩、米酒、鞭炮等礼物陆续前来道贺②，进家门前，先燃放鞭炮。堂彩一般为一丈二左右的一幅红布或被单，但从2000年开始，村里人不再送堂彩，

---

① 这一习俗的来历与侗族的一则人类起源传说有关。相传远古时代，有四个奶奶（龟婆）辛劳孵蛋，生了松恩、松桑，两人婚配后生了雷公、雷婆、丈郎、丈妹等十二个孩子。后来兄弟纷争，引起雷婆不满，将天河之水倒泼下地，造成世间洪水滔天，人烟绝迹。丈郎、丈妹躲进一个大葫芦里，随着水势涨落，躲过劫难，留下人种。从此，男女婚配，娘家要包个葫芦给男方家，象征着多子多福，人丁兴旺，香火延续。
② 一般是新郎家的亲戚要早早来，新郎自己的朋友伙伴则在夜幕降临后才来贺喜。

改用礼金代替。新郎家按照本门舅、姑、表三代亲的顺序，由里到外的把堂彩悬挂在堂屋天板的楼枕上，并煮甜酒、油茶待客。宾客们先喝甜酒、吃油茶，再吃午饭。待到下午，新郎房族合宴招待宾客。整个宴席的座次有一定的讲究，舅公家地位最高，在堂屋首先开席，其余宾客方才入席就餐。在宴席中，辈分最大的坐正席，然后依次按辈分大小、年龄高低一主一客的交叉坐定，主陪站起来邀请双方共喝三杯，之后，相互邀约敬酒，左三巡，右三巡，讲究左发右顺。待全部相互见面完毕，座中宾主双方的最尊者就开拳行令，这时，所有宾主，楼上楼下，才或结对或成帮吆五喝六，开始喝酒划拳，直至更深夜澜。

大约到凌晨，堂屋主席的客方就唱着离席歌，告辞出门。但他们到外面之后并非回家，而又重新燃放炮竹，唱着贺喜歌返回来，即"吃转饭酒"。主人就在他们出去的时候，撤除了酒席，重新摆上茶水、糖果、甜酒、米酒等候。这一次，宾主双方边唱歌边邀约吃甜酒、糖果、喝茶水，然后，大家唱古歌、酒歌、贺婚歌，追忆侗家人的历史，祝贺新人婚姻美满。主客一唱一答，不时又敬酒划拳，直至天亮。现摘录几段摆古词如下（前部分为汉字记侗音，后部分为汉译）：

男方主人家：

（汉译）（歌）酒打三巡歌唱起，人不弄酒酒弄人。年利月利起的念，天长地久万年长。调个门楼换个向，调个月亮换日头。

（侗音）劳细国麦劳忙借，从七央说，银岁银向，银批银囊。银冷美银奥阿，银岁从银向卡。一人讲话十人听，十人讲话闹层层。介为普言尧，美鸟义，借偶欻进价，借拉国进吖。故国雷父传子，得国雷子传孙，何国冷盘，故白林良，说过冷勒，得白向就。

（汉译）没有什么好酒来款待，言语不过那么说。人说人听，人讲人看。人砍树人修权，人讲话有的在听。一人讲话十人听，十人讲话闹层层。因为我，人愚昧，吃饭不注意谷芒，吃鱼不在意鱼刺，上没有父传子，下没得子传孙，讲的不到，敬请原谅，说的不全，亦望海涵。

（侗音）铺尾先情，铺尾操化，嫩若江腮教堆故台说，嫩国江腮，堆多得台豆，堆多岑烂，坳多岑略。

（汉译）说个先情，讲个造化，如若中听拿来台上说，若不中听，拿去桌下藏，拿到一边，放在一旁。

（侗音）笨中头，欤闷七央细地，立地七央细桥，上古七央细年门，盘古七央细百任。神农王细偶才借，燧人王细未多杂。有巢王细言才鸟，轩辕细卢才登。王拜又王麻，王了又王替。介为普言尧，银国起朝，拉国起森，可学王忙细王忙，民国王略岑若拜，民主王又当麻。办七央宽心，灭七央主在。

（汉译）混沌初分，开天立地，立地置桥。张古置人民，盘古置百姓。神农王置谷有吃，燧人王置火着炉，有巢王造屋人住，轩辕王置衣让穿。王去又王来，朝了又朝替。因为我人不及朝，仔不及班，不知哪王是哪王，民国王日落西下，民主王已当家。男得宽心，女的自由。

（侗音）普言尧，镇押金能弄碑，留麦义桥盘九邓，同多镇博镇腊，镇化亮寨，当麦千千阳桥，万万阳裸。介为跟介又虽长，办拜勾党卢四角，灭拜勾党花四兜。冬七央麦吉，西七央麦虽，略或尧麦随包随笆，十月尧麦随嫩随团。略或堆报报又佞，堆劳劳又酸。十月堆随又欤退，堆劳劳冻盏。普有报拉，解又报侬，应七良，岁七告，收七央目任，退七央目央。退豆岑文引度，岑文引度，把伞三常三，向刀九常

## 第六章 回娘家:节日里的亲属实践

箍。高森荣起罗瓜秋,能尤尤能平铺,能尤尤能转州,三笨命老欷扣,九托内盏欷融。岑文引度麦啦国银渡,麦排国银扒。普有报拉,解又报侬,应七良,岁七告,收七央目任,退七央目央。退豆平秋平老平岑小岸,介为美棍欷同某,美偶欷同哦,应七良,岁七告。退豆堂王引奴,故欧架归欧,故留架地留。堕多镇四金寨三啊,高岑多个罢,邓介多个仁。国奴偏卡多向,国奴句大多囊。打高盘美摇,拉白勺,盘白孟,堕多镇押金,能弄碑,敲罗托把,应七良,岁七告,亲普报拉,亲解报侬,才方辣能登啊琼,分房国分姓,十房啊分十房。银七央或客,银七央或主,故麦生宁,得麦房门。普言尧,镇押金能弄碑,能瓮堂求,(我普全德奥包岩,架锦娇来,国多三方我孟,堕多四普富仁,三包卷,架麦阳桥,)故样万或买,基弄万或俩,年门现,地土欷,花欷堂岑炎,下养堂岑八,办登洒,灭登镇。

(汉译)我们镇押金,留有一条古礼老路,同镇博镇腊,镇化亮寨,架有千千阳桥,开了万万阳路。因为路途远又长,男走钩断衣四角,女曲钩断花衣兜。我们有侗年和节日,六月有菜粑、粽子,十月我们有糍粑。六月拿肉肉变味,拿酒酒也酸。十月拿粑粑开裂,拿酒又冻冰。父跟子说,哥与弟讲,互相商量。收了收,退了退。退到岑文引度。岑文引度,把伞三尺三,柴刀九道箍。河上游起一朵乌云,水悠悠水平铺,水悠悠水转骤,三天大雨不停,九场冰冻不融。岑文引度有船无人渡,有排无人扒。父跟子说,哥与弟讲,互相商量。收了收,退了退。退到平秋平老平岑小岸,因为竹子不同节,谷穗长不齐。又互相商量。退到堂王引奴,有的上归欧,有的上地留。落在镇四金寨三啊,坡上吹木叶,屋边吹口哨,无人来听,也无人来看。过高盘美摇,经白勺,上盘白孟,落在镇押金,宰一头白牛,大家互相商量,父跟子说,哥与弟讲,方以登啊琼为界,分房不分姓,十房又分十房。这样有作客人,也有作主人,上有亲戚,下有房门。我们镇押金,整个寨子,姑娘换作媳,兄弟唤为嫂,人民兴,地土开,花开满坡灿烂,晒被满坡青色,男兴旺,女满村。

(侗音)普言尧,镇押金能弄碑,同多镇阳中——(能登寿——三普罗)(架麦忙,金从寨岑,银从寨啊,达盘登重,国堕多三方我孟,堕多镇阳中能登寿),架麦千千阳桥,万万阳裸。年门现,地土欸。

(汉译)我们镇押金,同镇阳中——(能登寿——三普罗)(有什么,金从寨岑,银从寨啊,过盘登重,不落在三方五面,落在镇阳中能登寿),架有千千阳桥,开有万万阳路。人民兴,地土开。

(侗音)普言尧(押),(决盘笨翁,顺盘笨咱,七朝普留多才,九朝馁留多豆)决普目任,顺馁目央,高未三常三,我常我,勒岑起杂未,邓岑起杂哑,邓介多个仁,扣岑多个罢,岑略多个声,咱奔多帕怀,分七央桥灭,克七央桥散。普言尧,麦尾丢秋(花龙),银登十七,腊登十八,半闷游阳,三年欸火,我年欸囊。架闷国勒,类能国辣。奥奥约邓近能,咱咱约拿近良,故又言尧三盘苦,得又言尧九盘随。(可奴多押杂丘,腊奴多押杂火)国艾奴,艾普言押,——闷宁——,麦尾花龙,易拉呐奴,十大欸福。美邓亚美拿,银奴加豆西问,腊奴加德西仁。国堕三方我孟,堕多普言尧(押),欸堕西央加,欸所西央教。间仁登押区翁,年门雷现,地土雷欸。借押龙岑当照,龙脉当朝,真龙麦三道,白虎麦九重。普翁馁咱,鸟多略皮略介,赖大欸了言,赖猜欸了样。叶或虚向,宁或虚主,叶雷美个,宁雷美平。

(汉译)我们照祖公的道,顺祖母的路,七朝祖父留的,九朝祖母留给,照父辈道路,顺母辈模样,火把三尺三,五尺五,岭上起堆火,坡脚起花园,屋边吹口哨,山坳吹木叶,看不见的地方作喊声，看得见的地方用手招，分条纱，散条线。我们家，有个男仔（妹子），人登十七，年登十八，半天游阳，三年无知，五年无人看。上天无路，下水无船。处处伸脚点水，方方伸手向阳。上又嫌我三代苦，下又嫌我九世难。（不知谁人下蛊，哪个下药）不谢谁，感谢你，——闷宁——，有一妹子，我一见钟情。情同手足，草鞋在前，布鞋在后。不落三方五面，落在我家，开门相等，开仓相盖。进屋敬我祖公，人民兴，地土开发。借你龙岭当照，龙脉当朝，真龙有三道，白虎有九重。祖公祖母祖先，在壁边屋角，多么欢喜。早晚保佑，早是又笑，晚是得平。

（侗音）普言尧（押），印铜国乌拿，印铁国乌差，故闷堆赖玉帝的笨，得地黄道的时，奥多××年××或王闷××或王吗，××良吉，××良辰，铜锣安卡，铜鼓安字。奥奥多怀花，咱咱多怀略。三龙堕罗，九龙堕解。银奴堆麦金银宝两，银奴堆麦能登娘，银奴堆麦馁百炮，故闷近豆雷，得地近豆龙。普言尧，目背欸跳栏同，目拢欸跳栏并，国忙故台多得台热。故可堆忙麻去高，得可堆忙麻去邓。转从报普言押，长长或猜，宽宽或龙。普言麻，三方高央桥，我方高忙豆，打拜三百年九百或，借拜长，呆拜将。

（汉译）我家铜印不在手，铁印不在肩，天上拿准玉帝的吉日，地上黄道的时辰，定于奥多××年××月××日，××良吉，××良辰，铜锣安耳，铜鼓安字。处处下请帖，方方都相约，三龙落乐（寨），九龙落解。有的拿金银宝两，有的拿水酒佳酿，有的拿百炮，上惊动天，地惊动龙。我们家，大猪不肯跳栏铜，肥猪不肯跳栏板。没有什么拿到桌上摆。上不知拿什么贵头，下不知以什么贵脚。转言交代于你，长长的肚肠，宽宽的肚量，高高打伞，远远遮盖。我们俩，三方亲戚，五方朋友，今后三百年九百月，与天同老，与地同长。

客人贺词：

（侗音）酒打三巡歌唱起，人不弄酒酒弄人。酒在坛内人弄酒，酒进肚内酒弄人。普言押，故闷堆赖玉帝的笨，得地黄道的时，奥多××年××或王闷××或王吗，××良吉，××良范，印铜鸟拿，印铁鸟沙，铜锣安卡，铜鼓安字。奥奥多怀花，咱咱多怀略，银奴镇押金、银奴镇阳中、银奴……，三龙堕罗，九龙堕解。麻奴普言押，美花龙，买头买吗，天成配佳偶，鸾凤和鸣。普言尧，美鸟义，衣长袖短，印铜欻鸟拿，印铁欻鸟沙，百炮国跟百炮，能登娘国跟能登娘，金银宝两国跟金银宝两。大小礼长短棍，庆贺普言押，五男二女七子团圆。普言押，买头买吗，间仁登押区翁，真龙麦三道，登炉登押区咱，白虎麦九重。办现登咱，灭现登镇。丰浓雷告考，浓念雷告岁。押普翁馁咱，鸟多略皮略盖，叶雷美过宁美平。普言押，印铜鸟拿，印铁鸟沙，目背跳栏同，目拢跳栏并。堆架四方长台，故台多，得台勒，教故领高，得领邓。普言押，内虽生，叶同押朱竿袖，宁同押朱从漫，堆架故台多得台勒。教故领高德领吨。大拜三百年九百或，一罗或奔，万托或利。转从报普言押，教罢押台葱坏押台恩，长长或猜，宽宽或龙。走镇替尧下团寨，走寨替尧下房门。吧骂替尧下团地，吧不替尧下雅言，豆教借拜呀胎拜将。

（汉译）酒打三巡歌唱起，人不弄酒酒弄人。酒在坛内人弄酒，酒进肚内酒弄人。你们家，拿好天上玉帝的日子，地上黄道的时辰。定于××年××月××日××良吉，××良辰，铜锣安耳，铜鼓安字。处处下请帖，方方都相约，有的镇押金、有的镇阳中、有的……，三龙落乐（寨），九龙落解。来看你家，头媳长媳，天成配佳偶，鸾凤和鸣。至于我，不知礼，衣长袖短，铜印不在手，铁印不在肩，百炮不成百炮，水酒佳酿不成水酒佳酿，金银宝两不成金银宝两。大小礼长短棍，庆贺你，五男二女七子团圆。你家头媳长媳，进屋敬你祖公，真龙有三道，炉边敬你祖母，白虎有九重。男兴旺，女满村。丰浓又浓念，祖公祖母祖先，在壁边屋角，多么欢喜。早晚保佑，早是又笑，晚是得平。你家铜印在手，铁印在肩，大猪不肯跳栏铜，肥猪不肯跳栏板。拿到桌上摆，桌子摆不下。我们心满意足。你家的鱼儿，在你田丘田亩，早为你看禾苗，晚为你守禾蔸。拿上四方长台。今后三百年九百月，一个为本，万尾为利。转言告诉你，我们踩你葱苔，坏你蒜园，多多海涵，走村替我遮团寨，走寨替我遮房门。菜叶替遮团地，瓜叶替我遮篱园，让我们长长久久，久久长长。

在过去，瑶白人的婚礼要持续六天。第一天的婚宴结束后，第二天要接着宴请亲戚朋友的女眷们，俗称"吃油茶"（侗语叫"借歇"）。第三天由房族的兄弟叔伯们代请亲戚朋友团聚（侗语叫"借高言"）。第四天请新亲家的男宾，即请亲家公（侗语叫请"卜大"）。第五天请新亲家女眷，即请亲家母（侗语叫请"馁得"）。亲家女眷们到来后要为新郎新娘解包，即"葫芦包"，边解边唱张郎张妹留人烟的古歌。解完，把葫芦交给郎家女眷，把它放在新郎新娘床下。郎家女眷亦以歌答谢，共祝新婚夫妇养儿育女，宗枝繁茂。第六天宴请房族爷崽，名曰"了灶"。至此，婚礼才算结束。2000年，瑶白连同彦洞一起进行了婚俗改革，去繁就简，把六天婚礼改为两天，即第一天宴请亲戚朋友男女眷属，第二天"借高言"及一并请新亲家男女眷。

瑶白婚礼中的摆古是对祖先婚姻历史的追忆，从张郎张妹人类起源一直到瑶白的破姓开亲婚姻改革，其目的是让人习得祖先的历史，珍惜现在的婚姻生活。同时，婚姻中的摆古与摆古节中的摆古共同组成了瑶白摆古的生态体系。

## 回娘家

对瑶白而言，摆古节是每年一度的村寨大事，也是外嫁闺女回家省亲的大好机会。不仅如此，他们还积极的排演节目，参与到摆古节的文艺表演中来，以此获得身份的认同与情感的归属。由于外嫁的闺女居住在不同地方，所以他们在节日前各自排演节目，等到过节的时候赶到彦洞集合，然后一起回瑶白。除了节目表演，外嫁的闺女还纷纷为摆古节助资捐款，比如，2015年共募集到善款6800元，以"回娘家队"的名义捐赠给摆古节筹委会，这在摆古节所有捐款中属于数额较高的了。

图 6.2　迎接回娘家队（滚明建　摄）

瑶白人对这支特殊的队伍自然是格外关照。比如，在拦门迎宾时，面对回娘家队的到来，他们会唱到：

　　今日得众姑娘来，本寨好似添花朵。好花开得多灿烂，人见人爱个个夸。
　　众位姑娘注重礼，算盘打得九九归。感谢齐心众参与，样样办得真有益。
　　瑶白嫁出众姑娘，嫁到邻村远他乡。父母思念兄弟牵挂家人念想，今日见到你们到来心里好像吃蜜糖。

第六章 回娘家:节日里的亲属实践

感谢姑娘不忘本,家乡过节一心邀请大家来开心。今天全寨老少都欢喜,儿女孝顺父母好心情。

姑娘姐妹嫁出莫道家乡你无份,无论远近我们都是一样亲。乡里乡亲还是企盼大家来光顾,家中父母兄嫂哪个不是你亲人。

我们本是同宗共祖众乡亲,男男女女同个寨子同个村。缘分不到不得长久共屋坐,五湖四海自古同是一家人。

语重心长说与众姑娘,我们共同生长一地方。大家都是同根共祖先,吃水共井永远都难忘。

**图 6.3 宴席上的回娘家队(李生柱 摄)**

瑶白人正是通过这种同宗共祖、同根共生、吃水共井的话语表述来强化亲属关系,维持亲属关系的稳定。另外,摆古节筹委会为回娘家队专门安排了一个用餐的地点,一张张桌子摆成了长桌宴,姑娘们与娘家人围坐在一起,把酒言欢,互诉衷肠。对家乡的思念,在外受的委屈,都可以给娘家人倾诉,说到动情之处,潸然泪下。不仅如此,在摆古节的闭幕式上,还安排回娘家队的代表发言,这充分说明了瑶白人对姻亲关系的重视。对回到娘家的闺女们而言,瑶白是生养自己的故土,虽远嫁他乡，但这里有自己最亲近的人，有自己能够依靠的家族，有自己的根基。因此，每一次回娘家过节都是一次展示自己对故乡情感的机会，正如她们的代表在闭幕式上的发言所讲：

  今天是我们家乡的传统节日摆古节，今天我们身在异乡的女儿回娘家啰！
  身在异乡为异客，每逢佳节倍思亲。今天，我们怀着对家乡的无比眷恋之情回家过节来了，今天，我们犹如孩童一般，欢乐地投入故乡怀抱。回到了爸爸妈妈身边，此时此刻，我们心潮澎湃，感慨万千，瑶白是生我养我的地方，故乡令我日夜向往。
  情深深，意绵绵，血浓于水两相连。女儿相思亲娘面，姐妹同行缅祖先。
  身在异乡常思念，欲与兄嫂话团圆。离家难忘养育恩，难敬薄利当涌泉。
  亲爱的各位父老乡亲，身在异乡的全体女儿，感谢你们对我们的牵挂。但是，请你们放心，我们保证绝不会给家乡丢脸、抹黑，我们不会忘记家乡父老的嘱托，绝不会愧对祖先。
  父老乡亲们，请允许我们在这里向你们表示深深的祝福。祝愿各位父老乡亲、兄嫂姐妹万事顺意，幸福安康。祝我们摆古文化节越办越红火，祝我们的家乡更美好！

# 第七章

# 放牛打架：节日里的传统竞技

耕牛是侗家人生产劳作最主要的帮手，因此在当地颇受尊重，瑶白人爱牛、养牛、斗牛，农历四月八日牛王节当天，人们不让牛干活，还让它吃鲜嫩的草，给它灌酒喂饭。牛是祭祀天地、祖先最隆重庄严的祭品，每逢祭祀大典，必宰牛以敬天地；祖先去世，亦行杀牛祭祖之礼，并把牛头、牛角挂在堂屋或台楼下，以保家人平安。每逢摆古佳节，必举行斗牛活动，以示热闹隆重。斗牛在给人们带来欢乐的同时，也借此展示斗牛之健壮，以及村民祈求五谷丰登之愿望。

## 鞍瓦的传说

鞍瓦斗牛被视为武侯遗风，孟获之古。关于斗牛的起源，当地有许多传说故事。在九寨地区流传很广的一则故事说道，古时有一个老人，苦于本地无牛，就到很远的地方买了一头水牯牛。牵到半路，牛突然脱手冲出，与路坎脚水塘边的一头犀牛相斗，难分难解。买牛老人在路人的帮助下，用棕绳捆住两头牛的后脚，反向拖开，然后杀了犀牛，救了水牯牛。把水牯牛牵回寨上后，用它耕田耙地，非常得力，结果年年风调雨顺，五谷丰登。为庆祝水牯牛战胜犀牛，人们便在丰收之后的九月九日，举行隆重的斗牛活动。①

瑶白村内也流传着一则关于斗牛起源的传说，用水牛踩田（在稻田相斗）有利丰收的农业生产的道理，讲述了瑶白斗牛的来历。

卜老耶旺有几块田，都撒下种子，长出了秧苗，秧苗长得嫩嫩的。卜老耶旺天天都到田边去看，看在眼里，喜在心头。哪晓得，有一天，卜老耶旺的两头大水牛，从圈里打脱出来，在一块大田里狠狠地斗了一架，把大田打得稀巴烂，把秧苗踩得东歪西倒，稀稀拉拉没剩下几棵好的了。卜老耶旺一气之下，就把那头斗得最凶的水牛抓来杀了。不料这块大田的秧苗，虽说稀稀拉拉，可长势很好。牛没有踩烂的那些秧苗，虽然长得整齐，却又细又黄，长势很不好。

过了一些日子，卜老耶旺又去看，那些稀疏的秧苗，越发长得密密麻麻的了，棵棵绿的发黑。没被踩烂的秧苗，还是又枯又黄，又细又矮。卜老耶旺搞不懂这是什么道理。

又过一些日子，秧苗打包出线了，卜老耶旺又去看，喜得他眉开眼笑，那些被牛踩过的秧苗，谷粒饱满，沉甸甸的。没被牛踩烂过的秧田，每线只有几颗谷，稀稀拉拉，不像样子。

又过了一些日子，谷子熟了，卜老耶旺要摘禾了。他去到田边，先摘得那些长得好的谷穗，捏在手上，喜在心里。单是那块大田就收了好几担谷子。那些没被牛踩烂的谷穗，忙了大半天，也没能收到几颗谷子。第二年，卜老耶旺拿定主意，再把牛放到田里去打架，把所有的大田都踩得稀巴烂。真怪，这年秋收又得到了好收成。于是，卜老耶旺得了一年望二年，年年都放牛到田里去打架，年年都得到好收成。事有凑巧，有一年，有一块田烂得很恼火，没

---

① 傅安辉、余达忠：《九寨民俗——一个何族社区的文化变迁》，贵州人民出版社1997年版，第53页。

剩几根秧苗了。到秧苗转青的时候，还是东一棵西一棵的不成样子。卜老耶旺看了发愁。就把密的地方的秧苗扯来栽在稀的地方。这样一来，密的不密了，稀的不稀了，到处都长得很好。这一年，移栽的秧苗也得到了好收成。

卜老耶旺第二年春天又移栽了一块田。结果移栽的秧苗比不移栽的要长得好，收得多。后来，他怕牛打架踩死太多秧苗，就改用了人踩，这样年年收成都比以前好。

卜老耶旺学会栽秧以后，虽然不再放牛到秧田打架了，可是放牛打架已经成了习惯，大家都爱看牛打架。后来，每年在正月、二月间，或是秋收过后，都要斗牛。各村寨都养有打架牛，哪一寨的牛斗得好，那个寨就光荣。年长月久，斗牛就成了侗家的一种风俗了。

每当斗牛的时候，老年人总要对年轻人说一说这个栽秧斗牛的来历。

九寨斗牛源于何时已无从考证，我们只能从目前留存的碑刻文献资料中觅得一些过去斗牛的踪迹。彦洞每逢九九重阳节都要举行规模盛大的斗牛活动，在彦洞斗牛场边，有一块立于清光绪二十三年（1897）的石碑，上面记载了一些斗牛的传说和彦洞斗牛场迁址改建的历史事迹。碑文内容如下：

### 流芳百世①

（碑身对联：昔启风规遗千百世，今人沽桃林垂亿万年）

盖闻先祖肇自以来道武侯之风，选孟获之吉，男清女泰，老安少怀歌年之大有，乐化日光天为万年难易之常经，世代遵从不能改也。切思祖人甚朴，有道无遗无大牢之坪，裕后有风老规之光前，

---

① 碑文收录在《彦洞乡志》，内部资料，2012年12月刊印。

我首等每思长叹,迨未年间放牛桃林,鸣锣对垒,归马华山,吹笙妙舞,不便不方人之多言芒帷,觅便方孤之地,叨罗永安兄弟如夷齐让国逊与我,众姓感铭心镂骨矣,然历年多至今不沽为诸地,纵有风有道,何见垂后,洞永嗟嗟,昔人为山九仞,功亏一篑耶。迨及光绪贰拾贰年丙申冬月,我首等同垒有约,寸地有存,况一境之牢坪。与团甲罗天德较议,用价二拾二两整,所盈地名上坝田一丘兑换斯丘,又田坎下杨姓荒坪价伍佰文一兼沽在内,永启为牢坪长久发福地。我首等喜沽田兑换,而众姓乐助出资,又巯员而启,再巯屭而修,自得赛人桃林百世莫不颂之,日往月来,迨未之年,迎宾亦同乐也,乡条兴动无人之多言出。由是观之兴欣欣然有孰不惠之言也,非不用价沽之哉,则又曰非独未年将元武往芒对敌,而逢年节亦兴大牢。其地,鸣锣交锋其地,其地宝之源流所存哉,用价所沽,其间与天地同流,用增启,来世莫不悦报。诸人名姓用刊继百世不朽,悠久无疆,用石刊碑存万古叨岵屺植培。吾学臤之途,奈因家计未觅八宫,舌耕梓里客地数十春有余,承诸君之重托予,予推之不去也,惟袜线之才,而言,然记问之学强著风规遗世,恨无佳句,俚言亦列于斯,为万年之规模,作永世之便宁,诸人获利益,众姓集庆增。是以为序。

今将首土出资姓名列于左(略)

光绪贰拾叁年瓜秋月榖旦立<br>梓里周启泰撰 师夫伍玉顺刊

在黄门村的牛堂边也有一块碑文,上面记载了姜映芳起义祸害九寨乡邻的历史事件,九寨众村寨被起义军所害甚苦,被迫远离家乡,流离失所。后起义被镇压,父老乡亲得以还乡,同欣欢泰。为报天地之恩,遂发起斗牛之事,村民纷纷募捐,修建牛堂,成万古演牛之所。碑文内容如下:

## 第七章 放牛打架:节日里的传统竞技

……此千古不易之道,我等卜居黄门,托帝佑而里巷无虞,承祖宗而……厚传家其遵王命,不意清台两属苗匪命不守王章,我等九寨安……行作乱,我等即赴王寨堵守。奈足兵无食,我等公议开常平仓,平仓素积粮草以济……存内,以故公禀府主倪二准减此仓,今现有案可据。未几而姜映芳、龙海宽……帝,即欲吞并四方、囊括宇宙,纠集数万兵马扰害民间,斯时也男女奔逃,妻离子散……剑所伤魂掩泉台魂长夜,幸蒙府主札谕贡生王宗文(蓝翎五品)、王思圣(职员)、吴秀光、王再科等统领团员……敌所战功振英勇以擒蛮均成伟绩,于是复彦洞大卡、协力堵守、安乐数载,不料小广文映蛟……冠统带人马数十余万攻打高塔卡,幸有王再科统带团兵抵挡数十余阵,贼匪抵敌不住,大败如灰,死者无数。……于是申详府主,依功陞赏赐千总王再科兼有五品、王虎宏五品、王思禹五品、黄廷章六品、王士宦六品……王学鼎六品、王太昌、王再文、金凤、吴易来六品、王厚元六品、王林保六品、王玉泗六品、王岩合六品、吴二元六品、王岩生……礼皮王……黄老伍、王玉喜、王宏魁、王宏录、萧启凤等有功之人,蒙府主依功升赏,各遂其心所有阵之人林……王三祥、王映发等留名刊于王简传字录于金篇,千古不朽,万代常存。我等黄冈百姓,方安谷排田为垂,你往我来,山坡……免被小广滥苗杨大伍查识道线,攻破高塔卡,男女老幼撞着者殒命黄泉,逃者奔于异域,可怜老者没于沟壑,少者死于他乡,我等逃往于河边南路渡口,设立公局,捐收上卜客商,帮资聚练复卡、复寨。后蒙府主委黄祖礼……内杨占魁、王士斌设局于平略大办厘金,以助军资差,有彭云辉协同我寨武生王再科、监生王庆槐克复彦洞大卡。蒙李大人、徐大帅、戈大人三员将官剿饬。我等黄冈运粮于汉寨营,攻打江口屯,捉获王寇,势如破竹,杀死兵马数万,横尸遍野,血流成河。至己巳年,我等挥至大广粮台,有各大人统带兵马数十余万,粮草运空,每碗价至六十文,黎民艰苦,百姓遭殃,蒙各大人扣艮三分六厘,百姓莫不沾恩，后蒙李、徐、戈三员将官剿尽贼巢，方安无事，于是奏凯还朝烽烟顿息，父老得归于故土，共贺升平，男女得复于家乡，同欣欢泰，风调雨顺，国泰民安，思无以报天地之恩，聊献马牛，以报万一，况武侯平南以后定下元武争雄吹笙一事，非此何以显武侯之功，亦非此何以定人民之事，是以公择此地为演牛之所，奈系有主之业匕属多主，欲买之而不得，所以众等计议，而有业之家登门善讨，户户乐从，所有牛堂周围，圆场业主愿将永为公地，兼有小巷码头，不准起居塞挡，今户户愿将此地永为纲上，万古演牛之所，唯愿年年歌大有，岁岁乐升平，是序。[1]

## 水牛的喂养

"养牛为耕田，养猪为过年"是瑶白人传统养殖牲畜的模式。村里几乎家家户户都有两个牛圈，一个在家里，一个在山上，农忙时牛一般都关在山上，以免干完活再牵回家，舟车劳顿。村民饲养的牛分为水牛和黄牛两种。水母牛农户喂养极少，小牛犊多从市场上买回饲养，膘肥四尺五或牛长到四牙口以上便可耕田。黄牛多为黄色和黑色，体型结构匀称，幼仔生长发育快，两岁便可耕田。村民多喂养母黄牛，既让它耕田，又让它产犊。黄牛肉质嫩，多汁鲜美，牛贩子多喜下村选购。养牛一般以草为主，白天不放牛出来，只有下午才把牛放出去吃点青草、洗澡。

斗牛选用水牛，但要想得到好的斗牛并非易事，得请有经验的人跟着到邻近村寨或更远的地方去购买，或者互换。喂养斗牛不比一般，草要嫩，料要精，还喂酒。

---

[1] 此碑位于黄门村民族小学球场边，长约四尺，宽约二尺，厚约二寸，字为阴刻楷体，圆径二公分。碑右上角断缺，约损近二百字，此文断处以省略号代之。双碑原立于牛场边（今此地），一书序言，一书建牛场所捐情及年月，据知一九五八年扫"四旧"，村民将此二碑埋藏于此地，今止掘得前一块，后一块不知所向。碑文收录在《彦洞乡志》，内部资料，2012年12月刊印。

第七章　放牛打架：节日里的传统竞技　　　　　153

## 牛打架

　　在过去，九寨斗牛活动多安排在秋收后的九月九日重阳前后。斗牛规模大小，时日选择和历时长短全由事主村决定。本村一旦决定斗牛，就邀请周边客寨一起放牛打架。到了约定之日，客寨人牵牛到主寨，三声铁炮之后，斗牛出发。祥牛走前头，其余牛紧跟着出发。祥牛，又称"圣牛"，就是斗架最凶的牛，"一般都头戴草冠，背置四方形篾塔，塔上盛有花草，剪纸图案。塔顶系大红绣球，垂彩色飘带，腰束铜铃，约20来个，臀部饰系6尺虎尾，俨然将帅出征"①。达到主寨边，放一挂鞭炮，主寨人听到炮声便出寨门迎接。斗牛期间，主寨负责安排客寨来人的食宿以及斗牛的喂养关栏事宜。

图7.1　放牛打架（滚明建　摄）

---

　　① 傅安辉、余达忠：《九寨民俗——一个何族社区的文化变迁》，贵州人民出版社1997年版，第53页。

斗牛开始前，主寨与客寨的牛要抓阄配对。斗牛之日，在鞭炮和锣鼓声中，两头斗牛被牵到斗牛场的两个入口，待牛主人同时举鞭抽打后，两只脱了缰的牛飞奔向对方，在场地中央"嘭"地碰在了一起，头头相顶，四角打斗，搅在了一起。四周观众一片叫好，为之欢呼，品头论足。若一分钟之内分不出胜负，斗牛的人便拴住牛后脚反向把它们拉开。若分出胜负，得胜者被人牵着绕场一周，身披红花，接受祝贺。斗牛一直持续到下午申酉时分，未斗完者明日再战。主寨大摆宴席，用丰盛的食物招待客人，为客人斟酒劝菜，酒歌不断。待斗牛结束，主寨放鞭炮送客，得胜牛的牛角上挂着奖品或主寨亲戚朋友赠送的礼品，大摇大摆，慢慢悠悠地走出村寨。

第八章

# 瑶白大戏：节日记忆的艺术呈现

瑶白大戏是颇具地方特色的一个戏种，以演唱传统戏剧（古装戏）为主，辅以当地喜闻乐见的娱人娱神的文化形式，成为融文学、戏剧、表演、音乐、舞蹈、美术于一体的综合性艺术，富有诗情画意与舞台魅力。瑶白大戏源于汉戏，但在后来的发展中加入了许多侗族文化的元素，是侗汉文化交流的鲜活例证。在历史上，瑶白人面临霍乱之灾时，曾用演大戏来缓解集体的恐慌。在春节期间，瑶白大戏频繁在村中演出，大戏太和班还承担着玩花灯的重任，过年听大戏成为村民们年节娱乐的重要途径。尤其在摆古期间，瑶白大戏演出的《三星赐福》《天官赐福》成为最受观众喜爱的节目之一。

## 太和班的故事

清光绪年间，瑶白人龚文昌、滚路贵到湖南洋溪浦口拜师学艺，龚文昌学汉戏，滚路贵学玩龙灯，后学成归乡，开创太和班，把大戏的火种带到大山深处的侗寨，瑶白大戏自此诞生。在后世的传承中，瑶白大戏不断融合本地的艺术形式（如傩戏），从剧本到唱腔，从脸谱到动作，形成了自己的艺术特色。

中华民国初年，锦屏县富商从湖南请来戏师教授汉戏演艺，瑶白派人前去学习,进一步丰富了瑶白大戏的内容与形式。然而,瑶白大戏的传承并非一帆风顺,此后断断续续,多有中断。1945 年,瑶白同时发生天花和霍乱瘟疫,死 130 余人,寨人异常恐慌,把原因归结为中止多年的梨园大戏,正因多年不唱戏,才遭此横祸。于是,在寨老的主持下,瑶白当年便恢复了唱大戏的传统,此后不曾间断,直至"文革"。

**图 8.1　太和班晒戏服（李生柱　摄）**

1958 年,在"双百"方针指引下,瑶白有 21 名艺人参加九寨区业余文工团,开展文化演出活动,1961 年,因经济困难文工团解散。在"文化大革命"期间,瑶白传统戏剧惨遭摧残,服装道器被逼上缴,演出中断,太和班几乎断层失传。"文革"结束后,瑶白太和班迅速恢复重建,利用舞台积极宣传党的方针、路线、政策,并不断受邀到高坝、仁丰、彦洞等村寨演出,深受当地民众欢迎。1980 年,瑶白村以物换物的形式,以 50 立方米的议价木材,从浙江省永康县西溪纺配绣品厂购进了价值 4800 余元的戏剧服装,极大地满足了演出的需求。此后,瑶白梨园太和班不仅坚持在本村演出,还受邀到平岑、彰化、文斗、敦寨等地演出，成为远近闻名的戏剧演出团体。

进入21世纪，在"非遗"保护的大潮中，瑶白大戏连同摆古节一起得到了有效的保护，并从草根戏台登上现代舞台，成为展示瑶白形象的一张名片。2007年，太和班参加"多彩贵州"锦屏赛区的大赛，以及黔东南州庆演出。2008年秋，参加隆里古城舞龙狂欢节演出。2015年9月17日，在锦屏县飞山讲堂演出时，观众爆满。目前，瑶白村有一支30多人的业余文艺队，每逢摆古、春节或其他重大节日都会有大戏演出。历经瑶白几代人的努力传承，梨园太和班已经成为百里侗乡一朵常艳不凋的艺术奇葩。

## 唱腔与剧目

瑶白大戏借鉴汉戏而成，故演唱时用汉语，以古装戏为主。大戏台词词牌与京剧大致相同，但唱腔却不一样，节奏、旋律、声调等方面受当地民歌语言的影响，带有侗家特有的深调，颇富地方和民族特色。瑶白大戏演唱的曲调很多，腔调定弦以南路（二黄）、北路（西皮）为主，共有18个腔调。伴奏乐器分文场和武场。开演以鼓锣助兴。演出时鼓点指挥，京锣和钹呼应；京胡伴奏、唢呐催帕。戏剧虽有剧本，但曲调大部分由戏师口授。

瑶白大戏唱腔要求字正腔圆，其18种腔调分别为："引""催帕""点绛唇""驻云飞""大汉腔""尾""小汉宫""起板""下山虎""香罗带""一腔风""桂子腔""点降""言牌""二黄""二流""山坡羊""西皮"。其中"西皮"（平腔）又分流水、滚板、摇板、叫板、散板、导板、快板、慢板等几种唱法和高腔。

瑶白大戏多引用历史故事题材改编成剧本，它有自己的编剧，担任编剧者需熟悉传书，能够从经典故事中摘取出一折完整的戏（含时间、地点、人物，事件的起因、经过、结果），而且还能根据故事设定人物角色、场景、道白、唱词等。瑶白大戏在历史上演出剧目众多，其中最为知名的有：《三星赐福》《空城计》《大天官》《六国封相》《大天官》《打龙袍》《天水关》《四姐下凡》《赵琼瑶》《花木兰》《四郎探母》《铡美案》《观音拜寿》《穆桂英挂帅》《杨门女将》

图 8.2 化妆（滚明建 摄）

《百岁挂帅》《断机教子》《荐诸葛》《三气周瑜》《五台会兄》《黄鹤楼》《香罗带》《梁山伯与祝英台》《水漫金山》《辕门斩子》《柜中缘》《楼台会》。除此之外，瑶白大戏中还有许多根据本地侗族文化改编而成的娱神娱人的剧目。

## 脸谱与动作

　　脸谱是瑶白大戏的重要组成部分，它作为演员化妆的一种特殊形式，用写实与夸张相结合的手法，直接用颜料勾画在脸上。戏中生、旦、净、丑不同角色人物有不同的化妆手法，具体而言，净丑勾脸，生角抹脸，旦角拍粉。脸谱的色彩非常丰富，既有象征人物的品质、性格与气度的主色，也有烘托主色的配色（多用于面纹）。脸谱着色变化有致，勾绘精巧，注重在形、神、意等方面表现人物的忠、奸、善、恶，具有鲜明的思想性和艺术性。譬如，脸谱主色具有寓褒贬、别善恶的艺术功能，不同的主色代表着不同的人物形象。试举例如下：

　　　　红色——忠贞、英勇的人物形象，如关羽。
　　　　蓝色——刚强、骁勇且有心计的人物形象，如窦尔敦。
　　　　黑色——正直无私、刚直不阿的人物形象，如包公。

白色——阴险、疑诈、飞扬、肃杀的人物形象，如曹操。

绿色——顽强、暴躁的人物形象，如武天虬。

黄色——枭勇、凶猛的人物形象，如宇文成都。

紫色——刚正、稳练、沉着的人物形象。

脸谱一般分净行脸谱与丑行脸谱两大类。净行脸谱包括红脸、黑脸、白脸；丑行脸谱主要在鼻梁上勾划白粉块，俗称"豆腐块脸"。脸谱的谱式很多，基本谱式有整脸、水白脸、三块瓦脸（两眉及胡）、十字门脸、碎花脸等。脸谱化妆须循规矩，但不绝对化。其基本画法为：以平目竖鼻分十字，由上至下左右对称作画色；或以鼻尖为中心，鼻梁为竖中线，左右对称作画，带胡者鼻下部分免画。比如，红脸关羽、黑脸张飞、蓝脸窦尔敦、贴金脸闻太师、白眉红脸赵匡胤，均按净行脸谱对称作画。生、旦脸谱比较简单，主要表现在眉毛画法技巧上，且眉心一般点佛爷痣。脸谱的描绘着色方式有揉、勾、抹、破四种基本类型。揉脸是用手指将颜色揉满面部，再加眉目及面部纹理轮廓，是一种象征性的脸谱，是淡妆的基本画法；勾脸是用毛笔蘸颜色勾描眉目面纹，填充脸膛色彩，成为五光十色的图案；抹脸，又称"粉脸"，是花脸中的基本画法，它用毛笔蘸白粉把脸的全部或一部分涂抹成白色，表示这类人物不以真面目示人，是一种饰伪性脸谱；破脸是指左右图形不对称的脸谱，是一种以贬意为主的脸谱。以前画脸谱用水彩颜料，现多用丙烯颜料。

瑶白大戏的着装分文场和武场。在文场着装中，皇帝穿龙袍，戴皇冠，腰玉带。文官（朝臣）穿蟒袍，一般官员穿官衣，头戴乌纱帽，腰系玉带。员外穿员外衣，秀才穿小生衣，一般穿短褂。旦角穿短

图8.3 整装（滚明建 摄）

女蟒、旦衣、宫装、凤冠、女披、穿裙。在武场着装中，战将穿战袍，元帅加披风，束腰带，有护背旗，头戴金盔（男）或凤冠（女），插羽翎子（雉鸡尾），有云肩。武士（兵）穿马褂，兵盔。

瑶白大戏的动作也分文场和武场，文生、旦角、丑角等动作亦有区别，人物的出场、下场皆遵循一定的法则。

（1）出将、上场：

文官：慢条斯理，迈四方步。出场时，先有一套甩水袖、整衣帽的动作。到前台再整理、表白、演唱。

武将：迈步虎虎生风。校场演武（俗称"吊场"）则有一套武打动作，这套武打动作又分拳脚类、剑招类和棍招类。拳脚类有跨虎登山、鹊雀登枝、金鸡独立、霸王举鼎、童子拜佛、顺手牵羊、青龙出海、野马分鬃、双凤贯耳、拨云见日、油锤贯顶、铁膝攻心、乌龙绞枝、二龙抢珠、饿虎掏心，等等。剑招类有怪蟒翻身、犀牛望月、龙顶折珠、苏秦背剑、玉女穿梭、贵妃醉酒、金刃劈风、迎风扫尘、猛虎挟桩、仙人指路，等等。棍招类有泰山压顶、横扫千军、龙门击浪、玉带缠腰、海底捞月、大鹏展翅、举火撩天、和尚撞钟、怀中抱月，等等。

旦角：行轻碎步，四转步。

丑角：行动随便，动作滑稽，无一定套路。

（2）入相、下场：

主要在于转身动作，文官向左转，撩袍，慢跨步下场；武将抓腰带，抬腿，作跨马式动作，碎步下场。

瑶白大戏的动作要配合鼓点进行。演出时，大鼓放在九龙口，根据不同的动作场景击打鼓点。

（1）常行：7个鼓点为一节律。如：咚咚、咚咚、咚咚、咚——咚咚、咚咣——咚咚、咚咣——咚咚咣——咣咚咣咚咣咚咣。

（2）踏行：2个鼓点为一节律。如：咚咣——咚咣——咚咚、咚咣。

（3）摇鼓：3个鼓点为一节律，中间加上紧密的无数节2个鼓点，

3次为三通鼓。

（4）密鼓：3——3——7个紧密鼓点为一节律，也可改变一些鼓点。击打快速紧凑，一般为武场时敲打。

## 表演与传承

瑶白大戏的表演是一个开放性的舞台，全村男女老少皆可参演，具有广泛的群众性和草根性。逢年过节，演大戏、玩龙灯，人人献技献艺，无比热闹。大戏的服装道具都由群众自愿捐款及积攒的彩头购买。

瑶白大戏的演出舞台以传统的一桌三椅布置，生、净、旦、丑等角色着装画脸，既古拙又通俗。每次演出前，必有恭祝戏在前，谓之"登场戏"，属地傩戏，如《天官赐福》是"跳家官"的传统表演剧目，目的是恭祝各位看官福禄高照，升官发财，万事如意。

瑶白大戏的演出分为如下几个步骤。

（1）了解剧情：了解整折戏的情节，有哪些人物角色；应有哪些特定的环境；出场的顺序。

（2）说戏：介绍剧情，说明布置。

（3）切口：记台词，人物言语对接，道白用什么语气，念词怎么说，用什么唱腔。

（4）排导：练唱，试演。

（5）彩排：正式演出前的最后一次全程排练。

（6）正式演出：每天以一登场戏首演，再上演其他戏剧。

每天演出之前要举行祭祀仪式，即进行请师、安台水和封禁。然后是启鼓，演出。演出圆满结束后，还要举行洒扫仪式，即开禁和辞师。

作为瑶白的一个民间文艺组织，梨园太和班具有悠久的历史，"义老"（大戏）师傅及其众多弟子构成了太和班的主要成员，也是大戏演出的骨干力量。大戏通过师徒传授的形式代代传承，即学徒拜师学艺，师傅以面授口度的方式（"含香吐气，入口传度"）把大戏"秘诀"传给弟子。此类口传心授多在农闲时节进行，师徒围坐在一起，一一传授说、唱、做、打等技巧，以及祭祀、洒扫等仪式内容，故当地人也称之为"板凳戏"。待到年节登台，稍加组织排练，即可演出。

**图8.4　大戏演出（李生柱　摄）**

瑶白大戏至今已传承到第十代，其传承谱系为：黄定岳——杨思江——龙道升——杨彦杰——刘文万——杨顺武——龚文昌——滚文荣——杨安亚（第九代共12名弟子）——第十代有滚明豪等27名弟子。

瑶白大戏有诸多师训或规矩，师尊告诫弟子：梨园承师门，成就在个人，民族文化博大又精深，精中去求精；学习无止境，努力及认真；发扬传统美德，尊师重道，责任担当，恪守旧规。此外，演出时还有许多禁忌，比如，不可酗酒，不食狗肉，不带道具（剧本等）入污秽之所，在台上不跷二郎腿；开演后，不在前台走动，如必要走动，须原路返回；不乱传烂度，知者不可当场点破，否则害己害人，等等。

瑶白梨园太和班提倡积德行善，唱颂忠孝廉节，倡导恩施四海，德被万邦。在偏僻的山村，演大戏、玩龙灯（后只许玩花灯）是一代又一代瑶白年节期间娱乐的主要方式，瑶白大戏已经成为瑶白的文化符号，成为村寨记忆的重要组成部分。

# 第九章

# 摆古：口头传统中的节日记忆

  对于无文字的民族而言，基于语言的口头传统是主要的记忆机制。但是，语言不是孤立的存在，它要成为行之有效的社会记忆机制，必须有其他制度来配合运作。① 瑶白人基于口头传统的记忆机制自然离不开摆古节，因为历史是由社会机制存储和解释的，记忆是一种集体社会行为，个人往往不去直接回忆事件，只有在与他人的交流中才会激发集体之记忆，尤其是在重大集会中，人们聚在一起，共同回忆群体的事迹或成就，再现集体的过去。从这个意义上来讲，摆古节为历史讲述（摆古）提供了仪式场域，并赋予它不容置疑的权威性。

  瑶白在历史上曾发生过许许多多的大事件，但被记录下来的仅为冰山一角，大部分的记忆都已湮没在历史的长河之中。村民只是把他们认为最重要的记忆通过口头传统的形式（有时借助碑刻、文书、仪式等）传承了下来。类似"苗乱"这样能够进入村寨集体记忆、在摆古节的长桌摆古中被反复提及的历史事件更是少之又少。集体记忆的建构过程是选择记忆对象的过程，人们根据传统的法则、规则和习俗来选择那些值得记住、应该记忆的东西。同时，记忆对象被选定后并非一成不变，而是经历着一种被修饰、改造的过程。正如哈布马赫所言：

---

①  黄应贵：《时间、历史与记忆》，台北中研院民族所1999年版，第19页。

尽管我们确信自己的记忆是准确无误的，但是社会却不时地要求人们不能只是在思想中再现他们生活中以前的事情，而是要润饰它们，消减它们，或者完善它们，乃至于赋予它们一种现实都不曾有的魅力。①

其中，摆古师们发挥了重要的作用。摆古师，又称"古师"，是熟知民族与村寨历史之人。侗家人敬重古师、戏师、歌师，而且有的艺人是古戏歌三师集于一身，个别人还兼巫师、道师。平日里瑶白村有婚嫁喜庆或逢年过节，村里的人就要邀请古师，在酒席上分主客两边来摆古，以显热闹体面，宾客皆大欢喜，古师也有机会得以练习摆古。此外，大部分古师都有用汉字记侗音的古本，依靠古本完成摆古的师徒传承。显而易见，摆古师在传承的过程中会对摆古辞进行修饰、完善，使之更加吸引人。由此我们或许可以回答为什么瑶白摆古辞是现在这种样子，以及它对历史事件的记述为何如此的简洁等问题。总体而言，瑶白摆古从古到今，在内容和形式上具有稳定性。不过，随着时代的变迁，尤其是进入21世纪以来，国家投入大量的资金通过整村推进力助瑶白脱贫致富，瑶白人感念于此，在摆古中加入了大量歌颂党和政府的内容。

瑶白摆古辞大部分用侗语演唱，为真实再现它的样貌，我们采用汉字记侗音的形式记录之，并给出汉译文本，以便读者阅读。

## 拦路迎宾歌

### 汉字记侗音

教寨摆古仁易引，一心那鲁麻或银。

---

① ［法］莫里斯·哈布瓦赫：《论集体记忆》，毕然、郭金华译，上海世纪出版集团2002年版，第91页。

艾鲁齐心麻豆爱,同麻摆古合古情。

笨乃堂寨鲁人一心麻豆堕老加,
凡凡尼尼贵多咱乃欢迎一鲁领导麻。
艾鲁领导国各辛苦麻光顾,
雷鲁领导光顾细教堂寨没缘法。

手更先劳堆教一鲁领导敬,
艾鲁领导为教瑶白雷操心。
请鲁领导麻领布教先劳乃,
堆劳领跟布教才方细雷平。

手更先劳堆教一鲁领导敬,
艾鲁领导为教瑶白雷操心。
肖的美意教记宁,
样奴难兰肖恩情。

艾教领导麻关心,
瑶白才细没亚问。
Nia 更先劳堆肖敬,
请鲁领导要领情。

Nia 更先劳堆肖敬,
为教瑶白雷操心。
请肖领教先劳耐,
堆劳领跟教细平。

艾肖一鲁的关心,

## 第九章 摆古：口头传统中的节日记忆

教艾才细没亚问。
Nia 更先劳堆肖敬，
唱伟嘎更表心情。

三月雷应阳学声，
年情国没样赖勤。
借能顺闷艾教共产党，
借降登黑老细雷宽给雷平。

欢迎一鲁领导痳斗艾，
肖鲁斗艾教雷赖。
艾肖领导国各辛苦痳光顾，
敬押言劳才教牙孟鲁发财。

千艾万艾艾鲁领导的关心，
艾鲁上级对教瑶白亚样亲。
笨乃教堆一先劳言堆肖敬，
请肖一鲁要领情。

笨乃教雷一鲁专家痳走引，
雷肖一鲁斗乃受对闷冷堕耀命。
奥它阳春都细望靠命痳赏，
教老百姓全细望靠党恩情。

听何肖痳才教堂寨鲁银凡宜加，
笨乃雷肖劳寨受对玉皇下闷痳。
艾鲁各级领导亚样齐心信难雷，
笨乃雷肖斗乃教啊报学布教赖缘法。

艾肖麻斗教瑶白，教寨条件难比别。
棒哦肖鲁麻关顾，挖掘教寨的特色。

艾肖辛苦斗教寨，目的细为教寨赖。
昔没布肖计较吗，教寨要肖麻安排。

教寨个烂亚起出，忙都很要用功夫。
浓鲁领导麻或主，亚细达斗教的目。

教寨虽然雷仁个烂民族村，
布教引乃受对腊恩何走跟。
要才民族桥跟走雷稳，
跟忙浓鲁领导向麻关顾亚细成。

布教忙国欸纽教寨受细旅游村，
因为条件国赖兄忙都要欧起身。
要才达斗信娘的地步，
跟忙望靠领导麻帮打造布教才方办雷成。

细细桑麻信艾教的共产党，
艾教领导鲁麻关顾教地方。
布教跟忙要才没问对别样，
要才教寨民族风情赖像忙细浓像忙。

笨耐教大摆古节，艾鲁亲银麻闹烈。
教雷肖麻帮或捺，艾鲁庆记国嫌色。

先劳敬教鲁亲宁，艾肖麻同教炸问。

## 第九章 摆古:口头传统中的节日记忆

教堆言劳一心敬,请肖一鲁要领情。

鲁麻闹烈教的正,教鲁了更贵或引。
鲁贵教寨同摆古,弘扬北侗的风情。

教堆摆古或样之,
其实教的摆古受对嫩旁没多故。
兄忙国赖恒要鲁银麻帮补,
亚细达到教的目。

细问大吉七我鲁麻推托送,
引耐大吉仁又比仁欧隆重。
艾鲁领导生起谋略笨乃用,
那麻三村曾宁四寨伙计贵麻同教摆古信丰浓细奔丰浓。

摆古或豆地步样,恒要望靠鲁麻帮。
望靠鲁银麻关顾,鲁麻关顾细久长。

年情赖麻信爱党,
才钱建设教地方。
封荣鼓楼堂正旺,
才教用豆笨目忙细代目忙。

年耐大吉教堕雷肖登同江,
信耐大败肖细鸟方叫鸟方,
爱欧没问又转雷肖歌同唱,
教图布教牙孟赖像忙细浓像忙。

教寨摆古年年大,
爱欧鲁银年年都细齐心麻。
爱欧鲁银年年麻帮教或捺,
教堆偶角重阳烧劳留加押细豆加押。

正押金细正阳中①,
牙正寿对乔美怕打冬。
布教阿或亲宁办派办麻办冷办起寿走寿浓念。
信耐打派教才良下国败风吹国散千年万代祥样浓。

瑶白彦洞牙嫩正,牙正自古都难分。
人老开盘多教走,七没布教走祥银。

正阳中的鲁亲宁,叶宁费神肖走路。
布教入 Yai 哏又等,跟忙雷在肖鲁银。

笨乃打吉那解农,艾鲁解农笨乃麻。
社会变革教分散,庆记笨乃转团圆。

正阳中细正押金,
千年万代都难分。
三正四寨阿的亲宁交的朋友亚没广。
国及教的牙寨意情丰浓永远难奔亚难灭。

笨头细问采芹登宜同教瑶白共仁正,
因为社会变革才方堆叫易鲁分,

---

① "正押金",瑶白侗名。"正阳中"彦洞侗名。

## 第九章 摆古：口头传统中的节日记忆

如今笨耐叫鲁七分国雷同村鸟，
信耐打派爱欧肖白兰教教国兰肖样奴都细仁寨银。

年耐打吉布教一心那肖三普王①，
教雷肖麻受对闷门疑跃良。
艾肖国言教堕雷肖麻走引，
爱欧布教牙正对乔淼能流豆笨目忙细代目忙。

教寨摆古一心堆村更王那，
艾肖国言教寨村苦一鲁齐心豆乃麻。
教寨活动要肖麻帮教或捺，
豆别细报布教牙村麦缘法。

村更王的鲁亲宁，
教寨摆古一心那肖一鲁麻或银。
为样耿尼但哦肖的桥工今，
目的受细弘扬北侗的风情。

教寨瑶白卡更王，教鲁共鸟仁地方。
牙村要对解侬样，友谊要才久久长。

正瑶白细平圭仁，牙正难奔又难分。
细问教堕祥银走，信耐亚又走祥银。

艾肖意情的闷吗，
架岑过岭艾肖麻。

---

① "三普王" "更王" 均为黄门村侗名。

艾肖帮教麻或捺,
意情可坳笨忙兰细代忙兰。

三普王, 笨乃庆记雷肖麻。
国各荒肖的工金, 豆麻同教合古情。

布教一心一意麻豆高跟应地加,
庆记一鲁故样闹闹热热齐心麻。
雷怒肖麻堂寨鲁人都凡尼,
奥言人老生奴买大浓人押。

昌肖堂寨鲁人都麻高跟抬大浓,
良肖才教鲁人树对略或浓香弄。
艾肖国兰堂寨教又雷肖鲁麻走,
麦肖鲁麻教得摆古细丰浓。

### 汉译

三年一次摆古节, 一心邀你来做客。
不辞辛苦来到这, 同来摆古说古话。

今日全体村民一心来到寨门等,
欢欢喜喜集中这里迎接大家来,
感谢你们不辞辛苦来光顾,
领导莅临是我村寨好缘分。

手捧酒杯把我领导敬,
感谢你们为我瑶白来操心。
请干我们这杯侗乡酒,
酒干畅饮心才平。

## 第九章 摆古:口头传统中的节日记忆

手捧酒杯把我领导敬,
感谢你们为我瑶白来操心。
你们的美意全记住,
海枯石烂不忘党恩情。

感谢领导的关心,
瑶白才有这一天。
手捧杯酒把你敬,
敬请领导要领情。

手捧杯酒把你敬,
为我瑶白得操心。
请你领我这杯酒,
杯脚朝天心才平。

感谢大家的关心,
我们才有好年景。
手捧杯酒把你敬,
唱首侗歌表心情。

三月得听阳雀声,
从来有过的好年景。
饮水思源我们感谢共产党,
吃饱穿暖老的心宽少的平。

欢迎领导到我寨,
感谢大家的关怀。
不辞辛苦来光顾,

领我杯酒今后大家都发财。

千谢万谢领导的关心，
情真意切本是真。
一杯侗家酒把你敬，
请你一定要领情。

今日我们把专家迎，
好似久旱得甘霖。
阳春五谷得雨有希望，
老百姓沐浴党恩情。

听说你们来的消息，全村的人多欢喜，
今日你们进寨欢乐得好似玉皇下天台。
领导齐心群众协力真难得，
雨水深情是缘分。

感谢你们到瑶白，本寨条件难比别。
希望你们来关顾，挖掘我寨的特色。

感谢你们到我寨，为了我寨好平台。
只看你们目光远，样样望你给安排。

我村名片才是我，打造需要下功夫。
希望领导帮做主，帮出主意出题目。

我村虽是特色民族村，
如今好比娃仔学走路不稳。

## 第九章 摆古:口头传统中的节日记忆

要使乡村能振兴,
希望领导政府扶植方才行。

盼望我寨办成旅游村,
条件未熟够得挣。
要想达到那地步,
依靠你们出谋划策才能成。

仔细想来感谢共产党,
有这样的领导关心我地方。
努力争取学别人样,
民族风情传统文化久久长。

今天我过摆古节,谢亲捧场多热闹。
亲戚朋友来欢聚,招呼不到莫嫌弃。

举杯来敬众亲朋,谢你到来同一天。
侗家美酒一心敬,你们一定要领情。

大家来到我们村,侗家儿女情意真。
齐聚我寨同摆古,弘扬北侗好风情。

摆古节日我寨出,
其实好比木桶来上箍。
哪里不足望帮衬,
心也满来意也足。

以前过节看斗牛,

如今节日更隆重。
领导谋略今启用,
邀亲约友同来摆古真丰浓。

摆古开成这个样,希望大家都来帮。
单槌打鼓敲不响,齐心合力才久长。

锦绣前程感谢党,
美丽乡村在我乡。
鼓楼长廊村寨旺,
山村美景胜天堂。

节日邀友来共享,
平日你我各一方。
来年欢聚歌同唱,
世世代代美名扬。

我村摆古年年过,
知心的话大家说。
社会和谐好事多,
丰收米饭重阳烧酒同饮又同乐。

瑶白彦洞一家亲,
好似树木叶过冬。
近邻村寨亲戚祖祖辈辈多浓艳,
烈日晒不褪色,
风吹不散千年万代一样浓。

## 第九章 摆古:口头传统中的节日记忆

瑶白彦洞两个村,两村自古都难分。
前人留古我们走,亲戚朋友一家人。

彦洞村的众亲人,早晚走路你费神。
我们衣长袖又短,难免得罪众亲邻。

今日过节邀兄弟,兄弟和气是第一。
社会变革分村住,节日欢聚庆团圆。

瑶白彦洞一家亲,
千年万代都难分。
三村四寨我们的亲戚朋友多的是,
不及我们两寨友爱重人情。

从前菜芹登宜和我瑶白共个村,
因为社会变革人口发展方才分。
如今同乡不得共村住,
虽然分属还是一家人。

今年过节我们一心邀请黄门村,
你们到来好比阴天出太阳。
同属九寨多走动,
唯愿两寨如清江流水久久长。

我们摆古节一心邀请黄门村,
感谢贵村人齐心。
同属九寨得到你们帮做主,
让人羡慕是缘分。

黄门村的众亲人，
节日邀请本齐心。
为过节日耽误你们工夫乃是真，
目的为了弘扬北侗的风情。

我们瑶白与黄门，大家居住在九寨。
两村都是兄弟样，友谊永远久久长。

瑶白村和平圭仁，两村难离又难分。
同属一地亲同走，不是天涯是比邻。

谢亲情谊比天大，
上坡下岭辛苦了。
谢谢捧场又参与，
亲们人意真甜蜜。

黄门村，同庆节日本是真。
不怕撩荒功夫紧，同来参与摆古情。

我们一心一意来到寨门路边等，
姑娘姨妹到来多齐心。
见到你们大家男女老少都欢喜，
家乡父母盼望是真情。

期盼你们全寨的人都到路头抬头望，
想念你们就像盼望涨山洪。
血浓于水人生苦短希望你们常来走，
今天到亲节日氛围更来浓。

第九章　摆古：口头传统中的节日记忆

# 祥牛踩堂歌

## 汉字记侗音

笨赖时好托踩堂，四帕四字孔浓仁。
八爪团圆奥排之，托乃寿细犀牛王。

土地龙神麻或主，七十二龙归乃护。
保佑团寨人才出，给细麦钱老麦福。

托走銎牙凶星退，吉星降临豆乃麻。
福禄寿喜紫薇照，照多教乃点国斜。

托走銎三赖年情，风调雨顺赖阳春。
考亚丰收考所满，教鲁宽心大年情。

## 汉译

吉时良辰牛踩堂，四腿四字旋旋真。
八爪团圆威武样，这头就是犀牛王。

土地龙神来做主，七十二龙来维护。
保护团寨人才出，少的有钱老有福。

牛走二圈凶星退，吉星降临到这来。
福禄寿喜紫微照，吉星高照久久长。

牛走三圈好年景，风调雨顺好阳春。

田里丰收仓库满，高高兴兴享太平。

# 长桌摆古辞

长桌摆古辞是在摆古节长桌摆古时演唱的文字，大部分用侗语演唱，记录了瑶白人从古至今的奋斗历史，从开天辟地、人类起源、民族迁徙、朝代更替唱到瑶白立村、家族历史、破姓开亲、定俗垂后、苗乱祸寨，等等，还包括了瑶白八景、民风民俗等自然或文人景观。最后是致谢，感谢党和政府的好政策，感谢来宾的光临。

**摆古辞（一）**

汉字记侗音

老古路，自古留，遗下到如昔。
前头老人留、留根古，大家聚会这团齐。

一鲁领导卡亲银，鲁麻像卡教合仁。
堆教瑶白的根古，从根说报衣鲁人。

笨中头，诶闷细地，立地细桥。
张古细年门，盘古细百姓。
张古老，盘古洋。
从古至今，王拜王麻，朝拜朝替。
豆多如今，习麦共产党领导，
国家安定，人民雷太平。
教镇押金，明朝豆乃，六百年光景。
细问麦甜麦苦，
引乃借降登嫩，环境变赖。

## 第九章 摆古:口头传统中的节日记忆

教麻摆古,白兰细问,
珍惜笨乃细仁。
才教问比问赖,万比万强。
因为教更国字,习细高目火故记宁。
哺言尧,听人老亚合,兴冒亚岁。
合国冷热,岁国冷洒,
故白林良,得白向就。

别假麦字多热本,教更国热细唱嘎。
办老唱麻办内宁,万留多万豆细仁。

教艾古人圣贤,留麦盘风赖或炎。
洪荒时代,弄老豆闷边。
得地将漫,国麦火烟。
张郎张妹躲劳葫芦,
留麦兄人接火烟。
燧人王细未多擦,国豆借闲。
有巢王盖房人鸟,伏羲王画卦阴阳。
神农王遍尝百草,农业起办。大禹王治水,条水归总劳考海。
轩辕黄帝制衣才登,礼乐婚姻联。
嫘祖教人养蚕,女娲炼石补天。
慈母教子有远见,孟母育人三迁。
杜康造劳,怀德制豆腐。
三国孟获,留麦风俗,送托劳堂,
借金乔哏麻摆古,考亚丰收。
唐朝玩龙拜花灯,百姓习爱赖年情。

瑶白开村豆如今,如今笨耐鲁宽心。

教寨雷豆衣问样,全细望靠党恩情。
自从盘古开天地,三皇五帝留礼仪。
前朝的人留根古,风调雨顺年成吉。

清朝后期,苗民造反。
官府组织团练抵抗,
扣云、洞庭、犁圆坳设卡驻防,难以抵挡。
彦洞瑶白,以及九寨,亦同遭殃。
艾镇岑昂,班邓同教挡能,班拿同教挡阳,鸡雷归笼,鸭雷归浮。
丹台孟牙人造反,搅镇打寨奴都各。
细吗细苪劳达鸟,夺艾夺办难归浮。

瑶白龙家来开村,团地乃赖奔细信。
滚家杨家也麻鸟,陆续还来几姓人。
合豆教镇,古名"正押金"。
明朝麦人麻鸟,又称"苗白村"。
同细九寨款,议款借捐解侬亲。

瑶白共有十个姓,龙滚杨范龚,耿万宋胡彭。
人老搬麻豆洒乃,盖房耕种来安身。
龙家最早麻豆乃,
鸟多步故热冈岑。
接着来的是滚姓,宁富你仔细房门。
还麦同胞四解侬,
奔来鸟"富仁"。
三布高祖坐"高龙",一布鸟多"网地"形。
宁富滚氏鸟下寨,造言大冈现人民。
杨家迁来却得鸟,"我甫金得"麦名称。

## 第九章 摆古:口头传统中的节日记忆

范家和龚家,还麦几姓豆乃定。

农业是根本,美偶长雷人。
开它开亚麻多偶,考它栽美才成林。
"亚炯和下教",恋算细它像个盆。
留条归内打凶大,抬石垒坎田修成。
下应、两眼、平果、高楼几嫩勤,开亚兰琴接瓜闷。
愚公移山麦精神,
艰苦创业福子孙。
子孙繁衍一代代,和睦相处同耕耘。
教艾人老雷辛苦,造亚开琴桑丰收。
布教白兰办细问,或细雷借自古留。

调个门楼换个样,调个月亮换日头。
笨中头,哺言瑶,镇押金,十姓宗或任,
十房宗或房,国麦生宁,昔麦房门。
才方亲哺报啦,亲解报侬,站细良,坐细报,良卡信呢,亚都信的娘。
才豆正婆、正腊、正化亮寨,架麦千千阳桥,万万阳罗,年门雷现,地土雷开。
花开堂勤炎,下样堂勤八。
办现登咱,灭现登镇。
介为咱乃,跟介虽又长,登跟孔桃九高印,巴跟美肾九高约。
办拜勾党卢四角,灭走勾党花四兜。
把伞三常观,项刀九常箍。
冬虎堆伞较,冬沙堆刀打。
东麦吉,西麦催,
六月尧麦随包随罢,十月尧麦随嫩随团。

六月堆劳劳又酸，堆赦赦又宁。
十月堆随又开退，堆劳劳冻盎。
（亚都信的娘）　才方哺言瑶，
收乡目任，退乡目央。
收豆高淼容，起一朵瓜秋，三笨命老欤扣，九夺内盎欤溶，麦喇国人渡，麦排国人扒。
收了收，收豆平秋平老、平勤寨岸，（亚都信的娘）介为美棍欤同亩，美偶欤同各。
收豆西引、三普王，高勤多个怕，国奴偏咖多向，边界多个风，国奴抬大多囊。
收了收，收豆唐王引奴，堕多镇四金、寨三啊，高琴起茶会，登琴起茶呀，茶背多个怕，茶奔多帕怀，国奴偏咖多向，国奴抬大多囊。
介咱乃，它盘美摇，堕多顿岑吖，故勾架归浮，故留架地留。
喇能白学，架岑白孟，堕多镇押金，能弄碑，能弘堂求，敲罗夺，站细良，坐细报，亲哺报啦，亲解报侬，才方拉能登啊琼，认房国认姓，十房阿分十房。
上寨下寨，人细或客，人相或主，故麦生宁，得麦房门。
丰浓雷告考，浓念雷告去。拜了普言尧镇押金的耸衣段。
合国冷盘，说国冷咱，故白林良，得白向究。
豆教借拜长，怠拜将。
拜了镇押金的从一段。

邀客饮，邀客饮干酒一杯。
同同饮干这一杯酒，大家心里才落一。
远方结亲不放心，商议复姓来开亲。
上寨下寨为亲戚，以水为界亲结成。
"正阳中"和"正押金"，
灭杯高舅包办婚。

## 第九章 摆古:口头传统中的节日记忆

"定俗垂后"碑立起,
国赖风俗方改成。
光绪年间改婚礼,
瑶白彦洞碑同立。
定俗垂后昭村寨,男婚女嫁得落一。

瑶白侗寨风光好,最赖景观细人文。
民族传统拜雷界,祭祖劳堂又乔哏。
送牛劳堂演艺老,元宵时节拜花灯。
堂寨老小都麻合,凡凡尼尼仁言人。
饭养命,歌养心,习麦美嘎信伤心。
嘎老嘎劳嘎或炎,美美嘎更吸引人。
"阿瓦"婚嫁来摆古,腊更美德传细人。

瑶白著名麦八景,
"文昌巍阁"麦我层,
考庙雕菩萨,
神态啊雍素像信。
"引琼古屯"存遗址,
"鲤鱼上滩"跃龙门。
"榷溪暴涨"多雄浑,"牛鼻寒潭"塘起雾。
"爷来仙蹄"信细深,"采芹朝霞"自然成。
"二龙抢宝"是寨形,人老虾诗来纪念。
诗词传诵到如今,人文景观远传名。
青山秀水切割深,峡谷之中瀑布群。
"美秋"坳上高蟠龙,众山盘绕古树荫。
"步浪"美额奴国冷,东岳南岳合国跟。
黄檀弯摩崖有千仞,归应溪边更是神。

镶金岩、蜡烛洞、洞底一潭"8"字形。
人到潭边莫喧嚷，否则定豆雨老淋。
瀑布群、鸡冠岭，"归应"一归赖风景。
鸟语花香林中画，花桥鼓楼"画"中寻。
著名八景护团寨，二龙抢宝信红身。

共产党来领导好，大山侗家得翻身。
改革开放政策好，西部开发蓝图明。
多姿多彩贵州省，乘势而上靠人勤。
国家开发新阶段，省州县工作队科技来扶贫。
2008年整村来推进，通水、通电、通公路、通电话。
吃水不忘挖井人，抓住机遇脱贫困，农村建设有新型。
生活之花节节高，幸福不忘党恩情。
紧紧跟着共产党，奔向小康的水平。

魅力侗寨风光好，全寨人民一条心，
紧紧跟着共产党，幸福生活早来临。
各位朋友众佳宾，合雷国赖艾押听。
瑶白侗寨的演变，既摆古来又论今。
布肖啊拜奴细景，麦国麦的留恋人。
改革开放政策好，万众欢歌党英明。
牛角酒杯斟满爱，杯杯俱含侗乡情。
请干这杯侗乡酒，祝各位年年行鸿运。
人人身体都健康，家庭幸福万事兴。

侗乡茶场坡连坡，浓浓茶水好解渴。
朋友请到侗寨来，香喷油茶请你喝。
侗乡人民欢迎您，天南地北贵佳宾。

北侗风情合国尽，再到瑶白来旅行。

## 汉译

老古路，自古留，遗下到如今。
前头老人留根古，大家聚会这团齐。

众位朋友及乡亲，摆个古来大家听。
讲讲瑶白的村史，从根开报一堂人。

混沌初分，乾坤始奠。开天立地，立地置桥。
张古置人民，盘古置百姓。
张古老，盘古洋。
从古至今，历史变更。
朝去朝来，王去王替。
我人不及朝，不知哪朝是哪朝。
我镇押金，明朝开寨，六百年光景。
从前有苦有甜，直到如今，
只有共产党领导，国家安定，人民安生，乐享太平，有吃有穿，环境越来越好。
我们来摆古，不忘过去，珍惜今天。
让一天比一天好，一班比一班强。
因本族民没有文字，仅以口头故事的形式传承。我现一一回忆，慢慢讲清。
曾听老人怎么说，我就怎么讲。
说得不好，讲得不清，望及海涵。

汉人有文传书本，侗家无字传歌声。
祖辈传唱到父辈，父辈传唱到子孙。

我们感谢古人圣贤，世遗古风民乐天。

洪荒时代，洪水滔天。

大地被淹，没有人烟。

张郎张妹躲进葫芦，有惊无险。

结成夫妇，留下人种续接火烟。

燧人钻木取火，熟食烧煎。

有巢搭屋盖房，伏羲画卦阴阳前。

神农遍尝百草，农业、医药为先。大禹治水，万水归流洪波蠲。

轩辕黄帝制衣穿戴，礼乐婚姻联。

嫘祖养蚕把桑栽，女娲炼石补天。

慈母教子有远见，孟母育人三迁。

杜康造酒，怀德制豆腐，眼是得见口尝鲜。

三国孟获，留有遗风，大武赛牛，笙歌妙舞翩跹。田里丰收，岁月悠久歌声甜。

唐朝玩龙灯拜花灯，多祈谷穗，时和太平年。

瑶白开村到如今，如今太平人宽心。

侗寨得到这模样，全是望靠党恩情。

自从盘古开天地，三皇五帝留礼仪，

前朝的人留根古，风调雨顺年成吉。

清朝后期，苗民起义，威震各地，所向披靡。

官府组织团练抵抗，云上、犁圆坳设卡驻防。

苗民愤恨官府，破卡扰乡。剑河小广，难以抵挡，彦洞瑶白，连同九寨，亦同遭殃。

鸡难归笼，百姓躲藏。

民不太平，何能国富民强。

丹台那边人造反，攻打村寨谁都怕。

## 第九章 摆古:口头传统中的节日记忆

是老是小躲进山,是鸭是鸡难归笼。

瑶白龙家来开村,这团土地贵如金。
杨家滚家也来住,陆续还来几姓人。
话说我村,古名"正押金"。
明朝即有生息,又称"苗白村"。
同为九寨款组织,议款借捐把誓盟。

瑶白共有十个姓,龙滚杨范龚,耿万宋胡彭。
祖先迁居到此境,盖房耕种来安身。
龙家最早来这里,选址"龙宝"小山顶。
四周风景美如画,这里正好寨中心。
接着来的是滚姓,宁富你催是房门。
还有同胞四兄弟,来自富仁,故称"四父富仁"。
三位高祖坐"高龙",一位开辟"网地"形。
宁富滚氏入来住,首居青岩振家声。
杨家迁来下节寨,"我甫金得"呼其名。
范家和龚家,陆续迁来把居定。

农业是根本,五谷养万民。
垦荒开田把粮种,满山遍野栽满林。
上下"亚炯和下教",周围是山像个盆。
留条小溪中间过,抬石垒坎田修成。
下应、两眼、平果、高楼几个坡,层层梯田可接云。
祖祖辈辈勤开垦,愚公移山有精神。
开辟田地遍山岭,艰苦创业福子孙。
子孙繁衍一代代,和睦相处同耕耘。
感谢先人不辞苦,开山造田望丰收。

大家莫忘先人恩，勤劳万有自古留。

调个门楼换个样，调个月亮换日头。
从前，我们镇押金，十姓共一姓，
十房共一房，没有亲戚，只有房门。
寨子统一把姓改，从此瑶白全姓滚。
只有主来没有客，全寨男女不通婚。
方才父亲告诉儿子，兄长告诉弟弟。
方才大家商量，互相斟酌。
远到正婆（婆洞）、正腊（腊洞）、正化（新化）及亮寨，结有若干代门亲。
男占登寨，女占登村。土地得开发，
家庭兴旺广人丁。
花开满山岭，被晒遍山村。
但结亲路上，巴茅、芦苇重重困，
道旁刺蓬那么深。
男行钩断新衣裤，女的挂坏花兜巾。
路途崎岖不打紧，路过深山怕虎侵。
翻岭过坳怕盗贼，行路独走心胆惊。
伞把三尺三，柴刀九道箍。
遇虎把伞盖，遇虎用刀搏。
侗有年和节，
六月有菜粑粽子，
十月有豆粑糍粑。
六月拿肉肉变味，十月拿粑又开裂。
方才大家商量，退到清江边。
不想春夏清水江涨水，三天大雨不住，
九日雪凌不停，银河隔断相思人。

## 第九章 摆古:口头传统中的节日记忆

寒冬腊月冰封山,冰天雪地路难行。
有船无人渡,有排无人划。
到平秋、平老、小岸和桥问,
吹木叶没有姑娘听。
到高坝、皮所和黄门,
屋边吹口哨也没见姑娘影,羞死我后生。
"美棍矣欠,同偶,美偶矣欠,同俄"①,
邻近嫌我"镇押金"。
全寨齐商议,
提出得把姓来分。
顿阿琼为界先通婚,
杀猪宰羊把誓盟。
认房不认姓,十房分十房。
瑶白渐渐复原姓,以水为界可交亲。
上寨下寨为亲戚,有的亲上又加亲。
有镇押金的典故一段。

邀客饮,邀客饮干酒一杯。
同同饮干这杯酒,大家心里才落一。
远方结亲不放心,商议复姓来开亲。
卜寨下寨为亲戚,以水为界亲结成。
"正阳中"和"正押金",女还娘头包办婚。
嫁甥女舅公索重礼,造成许多不平等。
姑娘逃婚去,郎家家境为此贫。
原本好亲戚,翻脸成仇人。
"定俗垂后"碑立起,陈风陋俗方改成。

---

① 侗语,意思是勉强不了。

光绪年间改婚礼，瑶白彦洞碑同立。
定俗垂后昭村寨，男婚女嫁得落一。

瑶白侗寨风光好，全村人民一条心。
民族传统远流长，北侗风情数不尽。
斗牛、斗鸟演大戏，春节、元宵拜花灯。
时逢节庆齐参与，吹笙舞蹈表真情。
饭养命，歌养心。
"阿瓦"婚嫁来摆古，
侗家美德传后人。

瑶白著名有八景，"文昌巍阁"四角飞檐有五层，檐前狮子蹲，翘角鲤鱼蹦，阁内雕神像，财神、观音、文殊普贤、文昌、魁星等近百尊，雕刻精细像高大，神态各异栩栩如生。
"引琼古屯"存遗址，"鲤鱼上滩"跃龙门。
"雄溪暴涨"多雄浑，"牛鼻寒潭"雾气腾。
"爷来仙蹄"蹄印深，"采芹朝霞"自然成。
"二龙抢宝"是寨形，前人题诗来纪胜。
诗词传诵到如今，人文景观远传名。
青山秀水切割深，峡谷之中瀑布群。
"美秋"坳上高蟠龙，众山盘绕古树荫。
"步浪"一带青松多苍劲，松涛飒飒似龙腾。
青龙涌动来献宝，"龙侬"就是龙脖颈。
黄檀弯摩崖有千仞，归应溪边更是神。
镶金岩、蜡烛洞、洞底一潭"8"字形。
人到潭边莫喧嚷，否则定遭大雨淋。
瀑布群、鸡冠岭，"归应"一派好风景。
鸟语花香林中画，花桥鼓楼"画"中寻。

## 第九章 摆古:口头传统中的节日记忆

侗寨风情源源长,面山文笔正中央。
著名八景护团寨,二龙抢宝夺魁场。

共产党来领导好,大山侗家得翻身。
改革开放政策好,西部开发蓝图明。
多姿多彩贵州省,乘势而上靠人勤。
国家开发新阶段,省州县工作队科技来扶贫。
2008年整村来推进,通水、通电、通公路、通电话。
吃水不忘挖井人,抓住机遇脱贫困,农村建设有新型。
生活之花节节高,幸福不忘党恩情。
紧紧跟着共产党,奔向小康的水平。

瑶白侗寨风光好,全寨人民一条心,
紧紧跟着共产党,幸福生活早来临。
各位朋友众嘉宾,讲得不好谢你听。
自然风光说不完,民俗风情摆不尽。
瑶白侗寨的演变,既摆古来又论今。
改革开放政策好,万众欢歌党英明。
牛角酒杯斟满爱,杯杯俱含侗乡情。
请干这杯侗乡酒,祝各位年年行鸿运。
人人身体都健康,家庭幸福万事兴。

侗乡茶场坡连坡,浓浓茶水好解渴。
朋友请到侗寨来,香喷油茶请你喝。
侗乡人民欢迎您,天南地北贵嘉宾。
北侗风情远流长,再到瑶白来旅行。

## 摆古辞（二）

### 汉字记侗音（部分为汉语）

一鲁伙计鲁亲宁，
合仁古麻一鲁听。
合教瑶白的村史，
从根开报一堂人。

别假麦字多热本，
教更国热嘎传承。
办老唱麻办内宁，
万留多万豆细仁。

自从盘古开天地，
三皇五帝留礼仪，
前朝的人留根古，
风调雨顺年成吉。

丹台孟押人造反，
搅镇打寨奴都各。
细吗细茑劳达鸟，
夺艾夺办难归浮。

自从殷商纣王起，
诸侯战乱民举义。
先人迁到这团地，
拓荒种地有来历。

## 第九章 摆古:口头传统中的节日记忆

瑶白龙家来开村,
团地乃赖奔细信。
滚家杨家也麻鸟,
陆续还来几姓人。

教艾人老雷辛苦,
造亚开琴桑丰收。
布教白兰办细问,
或细雷借自古留。

远方结亲不放心,
商议复姓来开亲。
上寨下寨为亲戚,
以水为界亲结成。

光绪年间改婚礼,
瑶白彦洞碑同立。
定俗垂后昭村寨,
男婚女嫁得落一。

魅力侗寨风光好,
全寨人民一条心,
紧紧跟着共产党,
幸福生活早来临。

侗乡茶场坡连坡,
浓浓茶水好解渴。
朋友请到侗寨来,

香喷喷油茶请你喝。

侗乡人民欢迎您,
天南地北贵佳宾。
北侗风情合国尽,
再到瑶白来旅行。

## 汉译

众位贵宾和乡亲,
摆个古来大家听。
讲讲瑶白的村史,
从根开报一堂人。

汉家有字读书本,
侗民无字歌传承。
辈辈相传来记清。
一直传唱留后人。

从前丹台那边人造反,
搅村入寨谁都怕。
是老是少躲得远,
鸡鸭家禽难入笼。

瑶白龙家来开村,
是块宝地本是真。
滚家杨家迁来住,
陆续还来几姓人。

感谢先人的辛苦,

开坡造田创丰收。
大家莫忘前人累,
勤俭为本自古留。

## 摆古辞(三)

### 汉字记侗音(部分为汉语)

老古路,自古留,遗下到如昔。
前头老人留根古,大家聚会这团齐。

一鲁领导卡亲银,鲁麻像卡教我仁。
堆教瑶白的根古,从根说报衣鲁人。

布教借水要宁闷,白兰人老开的跟。
笨耐教雷美平都,白兰细分的古情。

瑶白开村豆如今,如今笨耐鲁宽心。
教寨雷豆衣问样,全细靠告党恩情。

邀客饮,邀客饮,干酒一杯。
同同饮干这一杯酒,大家心里才乐意。

### 汉译

众位领导和亲人,我讲一个来大家听。
把我瑶白的根古,从根说报大家明。

我们饮水莫忘讲,莫忘先人留的根。
今天安居乐业了,莫忘从前的古情。

瑶白开村到如今，如今大家多开心。
我们走上新福路，全是沐浴党恩情。

## 摆古辞（四）（摆古短歌）
### 汉字记侗音（部分为汉语）

老古路，自古留下到如昔，
前头老人留根古，大家聚会这团齐。

瑶白摆古能几回，今天大家又聚会，
自古老人留的礼，我们晚辈后跟随。

别卡没虽多热本，布教国热堆嘎兴，
办老顺麻办给宁，万留多万国兰仁。

自从盘古起矣闷，三皇五旁留礼才。
细父银老留的根，万合报万可白兰。

神农皇帝细兄偶，燧人皇帝细未才。
轩辕皇帝细入登，杜康麻细能登娘。

阿燕迹，叶细打东应打西。
目硬兄美豆乃多，言六没料教安逸。

有巢皇帝造言多，才教百姓雷宽心。
夏禹王麻哀淼归，百姓宽心大年情。

纣王无道害人民，麻正馁宁办肉林。
炮烙楼台害雷吗，害对百姓几万银。

## 第九章 摆古:口头传统中的节日记忆

殷纣王，押为妲已忙都荒。
朝中的事押国管，七落江山押火国。

周文王又周武王，坐多西歧赖银帮。
姜太公麻签押封神榜，讲究礼义才久长。

送托本细孟获起，借捐乔艮冒留的。
老万雷奴正凡宜，宁灭花宁西仁随。

唐太宗细李世民，少数民数押也堆或金。
文成公主押嫁多，民族团结押留名。

侗寨风情介又烟，面山文笔理雷赖。
八景风光护堂寨，二龙抢宝富人民。

校姓中任都姓滚，正故寨得若样亲。
才方拜豆正婆阿，咱介阿亲亚现银。

派介阿亲国方便，略或堆赧报又宁。
校或堆随随矣退，堆劳冻盎赖如忙。

杀罗托把麻分户，腊能弄碑麻阿亲。
考寨阿亲正浓念，人现地开满堂红。

细问封建信啊雍，正正都没求干兰。
啦兰当赖求矣虾，啦兰当差求国囊。

光绪年间西座哀，彦洞瑶白麻立碑。

腊月爱奴冒拜卡，议款麻多求宁钱。

毛主席，全国解放教宽心。
婚姻自由鲁凡宜，高跟七又银愿银。
教艾党政府支持，为教堂镇雷操心。
鼓楼花桥鲁讷奴，公路电话兄兄没。

甲子年情起堕命，堕豆略或能应闷。
丈郎丈妹麻成对，得地才方没兄银。

尧说的从豆咱耐，谢肖鲁板问耐麻。
因为人广治国豆，得罪肖鲁又耐烦。

尧说的从豆咱乃，艾肖捧场捧雷赖。
摆古论今鲁凡宜，祝肖易鲁欧发财。

### 汉译

汉家有文读书本，我们无字把歌兴。
老的唱来小的听，祖祖辈辈不忘情。

自从盘古开天地，三皇五帝留礼仪。
前头老人留根古，辈辈传承莫差一。

神农皇帝教耕种，燧人皇帝留火种。
轩辕皇帝制衣穿，杜康制作酒来尝。

燕子飞，早是飞东晚飞西。
口含三杉种播此地，木楼有料众安逸。

## 第九章 摆古：口头传统中的节日记忆

有巢皇帝教造房，百姓居住有着落。
夏禹治水江河改，万民宽心过生活。

纣王无道害人民，轻信妖官办肉林。
炮烙酷刑危害大，忠臣良将难为人。

殷纣王，你为妲己正道慌。
朝中的事你不管，失落江山为哪行？

周文王又周武王，坐镇西歧好人帮。
姜太公来签押封神榜，讲究礼仪才久长。

斗牛本从孟获起，吹笙舞蹈他留的。
男子见了心欢喜，姑娘跳舞来跟随。

唐太宗是李世民，少数民族你也团结紧。
文成公主你外嫁，民族团结你留名。

侗寨风情远流长，面山文笔来得多。
八景风光护堂寨，二龙献宝富人民。

十姓附姓都姓滚，上寨下寨兄弟亲。
亲戚蜡洞新化有，百里村寨有人民。

这处结亲不方便，走亲访友费日程。
十月有粑粑开裂，酒肉变味也羞人。

杀头白牛来商议，以水划界来结亲。

近处寨中亲可定,人现地开发人民。

从前封建真稀奇,村村都有男霸亲。
女还娘头说是理,舅姑要钱也是情。

光绪年间婚俗改,彦洞瑶白碑同立。
自由恋爱可做主,条款分明人心齐。

毛主席,全国解放人欢喜。
婚姻自由有法律,青年男女笑眯眯。
感谢党来和政府,办事全为民做主。
鼓楼花桥众夸赞,公路电话人不愁。

甲子年初落雨起,下到六月水漫天。
丈郎丈娘成婚配,天下方才有人民。

我讲的话到此止,感谢大家到这来。
因为人多待不周,得罪大家望海涵。

我说的话到这里,你们捧场惹人爱。
摆古论今皆欢喜,预祝大家财运来。

**摆古辞(五)**

众位朋友及乡亲,摆个古来大家听。
讲讲瑶白的村史,从根开报一堂人。

汉人有文传书本,侗家无字传歌声。
祖辈传唱到父辈,父辈传唱到子孙。

## 第九章 摆古:口头传统中的节日记忆

自从盘古开天地,三皇五帝留礼仪。
前朝的人留根古,风调雨顺年成吉。

自从殷商纣王起,诸侯战乱民举义。
先人迁到这团地,拓荒种地有来历。

瑶白龙家来开村,这团土地贵如金。
杨家滚家也来住,陆续还来几姓人。

远方结亲不放心,商议复姓来开亲。
上寨下寨为亲戚,以水为界亲结成。

瑶白侗寨风光好,全寨人民一条心。
紧紧跟着共产党,幸福生活早来临。

侗乡茶场坡连坡,浓浓茶水好解渴。
朋友请到侗寨来,香喷油茶请你喝。
侗乡人民欢迎您,天南地北贵嘉宾。
北侗风情远流长,再到瑶白来旅行。

综上,摆古辞是瑶白人关于村寨历史和祖先的记忆,瑶白人正是通过年复一年的长桌摆古来习得过去的历史,激活对祖先的记忆,并由此强化对祖先的敬畏之心,对古制的遵从之意,从而更加珍惜当下生活。对历史的记忆、对祖先的敬畏与对祖制的遵循均意味着对传统秩序的恪守。传统是一个族群在千百年的发展中所积累的生存经验,越是地处偏远的山村,遵循传统的意志就往往越强烈,正如费孝通所言:

> 乡土社会是安土重迁,生于斯、长于斯、死于斯的社会,不但

人口流动很小，而且人们所取给资源的土地也很少变动。在这种不分秦汉，代代如是的环境里，个人不但可以信任自己的经验，而且同样可以信任若祖若父的经验，一个在乡土社会里种田的老农所遇着的只是四季的转换，而不是时代的变更，一年一度，周而复始。前人所用来解决生活问题的方案，尽可抄袭来作自己的生活指南。愈是经过前代生活中证明有效的，也愈值得保守。于是"言必尧舜"，好古是生活的保证。①

瑶白人世代居住在封闭的山寨之中，遵循古制是他建立当下生活秩序与规范的经验基础，这也就不难理解瑶白人为何言必称"盘古""张郎张妹"，从人类起源来追溯当下生活的合理性。概言之，瑶白人因好古而摆古，以摆古而获得传统的效力，从而保证当下生活的有序进行。

当今的侗族地区正经历着剧烈的社会变迁，随着工业化、城镇化的快速推进，手机、电视等新媒介在村寨中日渐普及，普通话严重挤压了侗语的生存空间。在此背景下，随着一些年轻人热衷于外出打工，接受新鲜的事物，不再愿意学习摆古，摆古传承的链条面临断裂的风险。以摆古为代表的民族文化对于瑶白山寨的重要作用不言而喻。纳日碧力戈曾从"形气神"三元一体的角度，对民族文化与山寨的关系形象的比喻："山寨的地理形态就是山地民族的形；依托一个个山寨而传承的文化则构成了山地民族的灵魂，是山地民族的神妙之处；而聚居在山寨里世代继替并流动着的人口则形成了山地民族生息之气。"② 所以，我们说摆古文化是瑶白侗寨之魂，确不为过。从这个意义上讲，对摆古辞的抢救、整理与研究成为一项刻不容缓的工作，它既是传承民族优秀文化遗产的必然要求，也是保护民族语言、守护侗族精神家园的应有之义。

---

① 费孝通：《乡土中国 生育制度 乡土重建》，商务出版社2011年版，第54页。
② 纳日碧力戈、龙宇晓：《重观山寨：中国山地民族研究中的"我者"与"他者"》，《中国山地民族研究集刊》2016年第1期。

第十章

# 社交的村寨：地域节日体系中的礼物交换

恶劣的生存环境，决定了山地民族需要群体共同合作才能应对不期而遇的各类自然灾害或人为祸乱，于是侗款组织应运而生。侗款是以村落为单位基于地缘关系建立的一种民间自治组织，各村寨歃血为盟，结为宽约，缓急相救。九寨最初即为结款的产物，这说明瑶白很早便与周边村寨形成了紧密的村际联盟。款组织是除家族之外的另外一种组织形式，它基于地缘而生，是对血缘关系的一种扩大。如今，侗款虽然不复存在了，但基于侗款而结成的友好的村际交往传统却保留了下来。

在2015年瑶白摆古节的资助名单中，我们发现了几个村寨的名字与捐款数额，其中，黄门村捐款最多，为1200元；彦洞村次之，为1080元；九勺、仁丰、仁里、救民等村各为500元，登宜、八阳等村委400元，平秋的晓岸村为300元。这些村寨人都是与瑶白有通婚关系或社交来往的村子，因此每逢摆古节都要派人来参加，彦洞、黄门和平秋还派出自己的文艺队来表演助兴。同样的道理，当这些村子举办重大节庆的时候，瑶白也会派人去回礼，有时瑶白村文艺队也会受邀前去表演。

这种村寨间的礼尚往来基于九寨境内的地域性的节日体系。九寨侗乡民族节日繁多，几乎村村有自己独特的节日，比如瑶白的摆古节（六月六日），彦洞、平秋的重阳鞍瓦节（九月九日），高坝的歌节（七月二十日），以及很多村寨都过的尝新节（夏至后的头一个卯日）。与汉族地区基于神灵信仰而形成的地域关系网络不同，九寨的村寨联盟多基于共同的现实需求（如抵御外敌）而建立，并通过歌唱、斗牛、过节等途径建立人情交往的关系。当然，各村之间的交往要遵循一定的规矩和礼数。

在拦门迎宾中，瑶白人对友好的村寨格外照顾，有一套欢迎词。比如，欢迎彦洞来人时会唱到：

瑶白彦洞一家亲，好似树木叶过冬。近邻村寨亲戚祖祖辈辈多浓艳，烈日晒不褪色，风吹不散千年万代一样浓。

瑶白彦洞两个村，两村自古都难分。前人留古我们走，亲戚朋友一家人。

彦洞村的众亲人，早晚走路你费神。我们衣长袖又短，难免得罪众亲邻。

瑶白彦洞一家亲，千年万代都难分。三村四寨我们的亲戚朋友多的是，不及我们两寨友爱重人情。

欢迎菜芹登宜村来人时会唱到：

从前菜芹登宜和我瑶白共个村，因为社会变革人口发展方才分。如今同乡不得共村住，虽然分属还是一家人。

欢迎黄门村来人时会唱到：

今年过节我们一心邀请黄门村，你们到来好比阴天出太阳。同属九寨多走动，唯愿两寨如清江流水久久长。

我们摆古节一心邀请黄门村，感谢贵村人齐心。同属九寨得到你们帮做主，让人羡慕是缘分。

> 黄门村的众亲人，节日邀请本齐心。为过节日耽误你们功夫乃是真，目的为了弘扬北侗的风情。
>
> 我们瑶白与黄门，大家居住在九寨。两村都是兄弟样，友谊永远久久长。
>
> 瑶白村和平圭仁，两村难离又难分。同属一地亲同走，不是天涯是比邻。
>
> 黄门村，同庆节日本是真。不怕撩荒功夫紧，同来参与摆古情。

这些村寨代表来瑶白过节，在瑶白受到热情款待，在节日结束时要对瑶白表示感谢，并邀请瑶白人去自己村过节。比如，在2015年摆古节结束后，我们就在村中显耀位置看到了彦洞写给瑶白的感谢信。

正是通过这种互相邀请过节的社交行为，让被大山阻隔的村寨与村寨之间建立了定期的交流途径，从而打破了地理空间上的孤立与隔膜，实现村民之间的一种"自己人认同"，最终突破村寨边界在更大的聚落范围内建立一种友好联谊的地域关系。

# 结　语

　　虽身处偏远荒野之地，但瑶白人历来注重礼仪传统，他们为生而欢，为死而歌，生之以礼，祭之以礼，死葬之以礼，并通过年复一年的岁时祭祀传承礼治，以达到个人、家庭、家族与村寨的绵延不休之目的。摆古节便是这种礼野互动的产物。究其本质而言，摆古节是瑶白古老民族文化的一次集中展演，在节日中传统的建筑、饮食、婚丧、信仰、礼俗、仪式、歌唱、舞蹈、戏剧、神话、传说、故事、竞技等都得到向外展示的机会。摆古本是九寨地区的侗家人记忆历史、载道议事、教化后人的一种途径，现在它成为摆古节的核心节俗。摆古节是侗家人的狂欢节，其聚众畅饮之风当为侗族饮酒歌唱传统的现代延续。此外，无论从节期还是节俗内容（斗牛、祭祖、串寨等）来看，摆古节都是对过去牯脏节的有效继承。正因如此，摆古节成为一种文化展演的舞台与记忆传承的载体，瑶白人通过每年一度的文化"嘉年华"，调适个人身心、整肃家庭关系、家族关系、姻亲关系与村际关系，并以此建立村寨与外部世界的连接。概言之，摆古节犹如织梭，穿针引线，在时空之中编织成村寨的文化与关系网络。

　　摆古节又是瑶白人集体记忆的一次狂欢。集体记忆机制是一个群体、一个村寨的历史得以延续的基础，它一旦形成，便具有了稳固性和延续性的特征，通过一套共有的符码和共有的象征规则，形成自身的运行机制，并保持生命力。瑶白村的记忆机制以口头传统为最主要的载体，偶尔配合文字书写（碑刻、文书等）、服饰、舞蹈等。每逢摆古节，丰富多样的节俗激活了隐秘深处的历史记忆、家族记忆、集体记忆与个体记忆，村寨的开发史、发展史、苦难史、灾害史也借此在节日中得到重温。这既是一次又一次循环往复的记忆强化与革新，又是一层又一层积少成多的记忆累积。

毫无疑问，在摆古节的记忆传承中，寨老、族长与摆古师们发挥着关键性的作用。寨老们是集体记忆的传递者，是村寨共同体的世袭价值与知识的表述者，经由他们的记忆与经验，摆古节再现了过去的历史，村寨记忆得以传承。而且，越是年长的老人，越是久远的历史，就越具有不容置疑的权威和权力。这种权威和权力的基础，来自侗家人在文化上对于祖先、起源、寨老等概念所赋予的价值。从瑶白寨老在摆古节中所发挥的积极作用我们可以发现，作为传统的护卫者，寨老们不会满足于消极被动地等待记忆的复苏，而是积极主动去"回忆"和传播"回忆"。正如哈布瓦赫所言："社会通过赋予老人保存过去痕迹的功能，鼓励老人把凡是自己可能仍拥有的精神能量都贡献出来，用以进行回忆。"①

瑶白是一个多姓杂居的山地民族村寨，从村名几度更改，到"各姓附姓滚"的姓氏统一史，再到"破姓开亲"的宗族与婚姻剧变，无不证明瑶白人在历史上总是努力适应政治与社会的变迁，通过村寨内部不断的变革来为自己争取生存的空间，充分体现了山地民族在面对恶劣的环境、有限的资源、政府的统治与外来的影响时所采用的生存智慧。当历史的车轮驶入21世纪，原本封闭的侗家聚落在全球化、遗产化的时代巨浪轮番冲击下打开寨门，与外部世界建立了前所未有的紧密联系，其内部的传统文化也正经受着史无前例的变革：深山里的神秘文化被赋予了新的因素，传统被重构并生长成新的传统；在权力和利益的驱动下，瑶白人对神圣传统的继承显得力不从心，民族文化的本真性和神圣

---

① ［法］莫里斯·哈布瓦赫：《论集体记忆》，毕然、郭金华译，上海世纪出版集团2002年版，第85页。

性在有意或无意之中遭到扭曲与改写，再造节日、再造仪式、再造信仰成为常见的现象。近几年，瑶白摆古节的变迁历程便为我们生动地呈现出一幅全球化、遗产化视域中西南少数民族传统节日在坚守中嬗变的存活图景。

坚守是瑶白人以对祖先和子孙负责的姿态对时代做出的回应。在2015到2017年这三届的摆古节中，我们深切地感受到传统的力量依然强大地存在，从寨老到协会，从摆古到祭祖，从斗牛到斗鸟，从民歌对唱到文艺展演，古老的民族传统在节日中绵延不绝、历久弥新。正是因为这份难得的坚守与继承力推摆古节卷入遗产化的漩涡，瑶白也借此从周边众多的民族村寨中脱颖而出，相继获得了"中国传统村落""中国少数民族特色村寨""魅力侗寨"等称号或美誉。

另一方面，摆古节作为一种地方性知识，正面临当代化的冲击与挑战，节日中出现了许多新的元素。比如，过去的牯藏节是按传统的天干地支来计时，节期与农业生产紧密相连，并不固定在哪一天。起初的摆古节也是如此。但为了发展节日旅游、对外宣传之需，自2002年起，瑶白正式把六月初六作为摆古节开始的固定日期。不仅如此，节日的组织也做了流程化与规范化的处理，每项节目的举行时间都精确到了几时几分。而且，随着政府力量的强势介入，传统的节俗内容与节日流程不可避免地发生了改变，比如在开闭幕式上增加了专业的主持人；基于流程的考量，给长桌摆古规定了表演的时长，从而压缩了摆古的内容，不利于寨老与摆古师的即兴创作；随着新媒体、自媒体、现代摄像技术的普及，村中年轻人时兴利用社交媒介（抖音、空间、朋友圈等）来记录摆古节，以更加多元和生动的形式传承村寨记忆，传统的权威受到挑战。可以说，摆古节遗产化的过程是被制度化、结构化、符号化的过程，具体表现为节期固定化、节俗程序化、展演官方化、传播现代化，传统的祭祀与神秘色彩逐渐淡化，其结果则是一个深山村寨里的节日跻身于国家的话语体系，从边缘位移到主流，成为少数民族节庆文化的典型代表之一。

在西南地区，类似摆古节的节庆活动还有成千上万个。传统节日在地方政府的干预下，不再拘于过去的过节形式，而成为更加具有张力的民族文化展示平台，起到了宣传地方文化的作用；但同时也引发了新的问题，如高度集中化的舞台展演使传统节日内容脱离了原生的传承空间，削弱了节日的文化意义，从而显得空洞无味；节日集中在一个地点举办，消减了传统的过节氛围，且容易引发事故和造成环境破坏；此类节日活动存在严重的互相借鉴和模仿的现象，把传统节日带入了同质化的发展陷阱。可见，西南地区的节日文化的发展应该注重挖掘其文化内涵与历史底蕴，节日活动的举办不能脱离其传承主体与生存空间，只有根植于民族文化与民众生活的土壤之中，传统节日才能持久地焕发生机。

# 参考文献

傅安辉、余达忠:《九寨民俗——一个何族社区的文化变迁》,贵州人民出版社 1997 年。

黄应贵:《时间、历史与记忆》,台北:中研院民族所 1999 年版。

梁永佳:《地域的等级:一个大理村镇的仪式与文化》,社科文献出版社 2005 年。

简美玲:《清水江边与小村寨的非常对话》,新竹:国立交通大学出版社 2009 年。

杨安亚:《瑶白村志》,内部资料,2010 年。

费孝通:《乡土中国 生育制度 乡土重建》,商务出版社 2011 年。

彦洞乡志编纂委员会编:《彦洞乡志》,内部刊物,2012 年。

杨安亚:《乡土印记》,内部资料,2017 年。

王宗勋:《侗族"舅公礼"与婚姻制度的变革》,《中南民族学院学报》(哲学社会科学版)1992 年第 4 期。

秦秀强:《侗族丧葬文化及其在当代的矛盾性》,《贵州民族研究》1993 年第 1 期。

秦秀强、唐合亮:《北部侗族文化涵化的过程和机制——天柱社区的个案研究》,《贵州民族研究》1994 年第 1 期。

傅安辉:《九寨侗族的传统社会规范述略》,《黔东南民族师专学报》(哲学社会科学版)1996 年第 3 期。

潘年英:《〈九寨民俗——个侗族社区的文化变迁〉审读报告》,《黔东南民族师专学报》（哲社版）1998年第1期。

陆景川：《九寨侗族的宗教信仰》，《黔东南民族师范高等专科学校学报》2005年第1期。

李松：《多民族地区村落文化保护与社会发展的思考——以贵州荔波水族村寨研究项目为例》，《民俗研究》2010年第3期。

李松：《贵州村寨文化保护模式的新探索——文化景观概念的实践意义》，《当代贵州》2013年第22期。

徐赣丽：《侗族的转世传说、灵魂观与积阴德习俗》，《文化遗产》2013年第5期。

李松：《乡土生活的现代价值》，人民政协网，2016年10月17日，参见http://www.rmzxb.com.cn/c/2016-10-17/1085332.shtml。

张士闪：《礼俗互动与中国社会研究》，《民俗研究》2016年第6期。

李生柱：《产业化和遗产化背景下的西南民族民间文化发展——以2014年度发展状况作为研究中心》，《贵州师范学院学报》2016年第4期。

傅慧平、张金成：《生命观视阈下的侗族丧葬仪式——以锦屏彦洞为个案》，《贵州大学学报》（社会科学版）2016年第2期。

龙泽江、傅安辉：《清代贵州清水江流域的保甲与团练——九寨侗族村落保甲团练档案的文献价值释读》，《原生态民族文化学刊》2017年第2期。

龙泽江、傅安辉：《清代贵州清水江流域的保甲与团练——九寨侗族村落保甲团练档案的文献价值释读》，《原生态民族文化学刊》2017年第2期。

刘彦：《从"破姓开亲"到"定俗垂后"：清代清水江下游一个苗寨的婚姻改革与社会演变》，《西南边疆民族研究》2018年第2期。

刘彦：《"生鬼""熟化"：清水江苗寨社会的"他性"及其限度》，《原生态民族文化学刊》2018年第1期。

张应强：《方法与路径：清水江文书整理研究的实践与反思》，《贵州大学学报》（社会科学版）2018年第1期。

杨军昌、杨宇浩:《清水江文书中的"风水观"与生态环境保护——以苗族、侗族"择吉冢"文书为例》,《中南民族大学学报》(人文社会科学版)2019年第2期。

张新民:《乡村日常生活与帝国经略政治——关于清水江文书整理与研究的几点思考》,《吉首大学学报》(社会科学版)2019年第2期。

# 附　录

## 瑶白大事记

**明代**

明永乐三年（1405），龙氏入瑶白开寨定居。

隆庆三十年间（1605），富仁四位滚氏先祖入寨定居，长、二、三房先祖居高龙冈，四房先祖择居网地（旺地）冲。宁富滚氏先祖从世佑迁入，居于青岩冈，为下寨入住之首。

**清代**

顺治元年（1644），与王寨、小江、平秋、石引、黄门、高坝、皮所、魁胆结成九寨款。

康熙三十八年（1699），杨胜文（即滚龙宝）率子迁入瑶白下寨。

雍正二年（1724），九寨划归黎平府东北路。

乾隆元年（1736），耿氏先祖由寨架迁入颖钟冈居住。

乾隆三十三年（1768），罗氏先人定居瑶白。

乾隆五十一年（1786），曾氏先祖定居瑶白。

嘉庆末年，汉公有两支迁出，一支定居黎属寥家湾，一支住顺堆（即今仁丰圣基）。

嘉庆十年（1805），万氏先祖定居瑶白。

道光元年（1821），张家传落户瑶白。

道光七年（1827），由滚明龙、滚宗贵、滚士荣、王春林、张家传、罗昌明、杨应怀为化首主持，修筑瑶白至彦洞花街路。

道光年间，王氏先祖落户瑶白。

道光二十年（1840），九寨地区干旱、稻田无收、瑶白参加龙朝礼的抗粮斗争。

道光二十五年（1845），龚氏庆云率子女在加隆冲定居。

是年，易氏先祖来瑶白定居。

咸丰初年，黎平知府胡林翼倡办团练，整编保甲，本寨亦组织团练，设有保甲组织（11户为一甲，10甲为一保，设一保长、保正。数甲联为一总甲，总甲驻团练，团练抵御外兵，保甲缉防本地盗贼）瑶白设保。

咸丰二年（1852），范氏先民定居瑶白。

咸丰五年（1855），台江苗民造反，先民奉黎平府主令饬办联络九寨、彦洞为大和团，共出兵力于彦洞卡（犁元坳）、洞庭卡防堵，瑶白设营驻犁元卡，大小与战百余阵。

咸丰六年（1856）曾氏迁出瑶白。

咸丰七年（1857）立养练巡卡碑。

咸丰十一年（1861），胡氏先民到瑶白定居。

同治元年（1862），张秀眉联合姜映芳部攻天柱，九寨四面受敌，本寨被烧毁，损失巨大。

同治三年（1844），张、姜部又破天柱、九寨，田谷被割完。

同年，罗氏家族迁出瑶白。

是年，黎平府批谕，筑屯以保，寨民便于引龙山筑屯，深沟坚垒堵守避难。

同治三年（1864），寨民搬于引龙山筑屯以保，驻守避难。

同治四年（1865），小广杨大伍勾结江口屯陈大王乘虚夜入掳杀，逃脱命者十伤八九。

同治五年（1866），北路九寨、高扒等地被张秀眉部文三堂、杨大六、包大胜等部占据，寨人召集数残，恳请归种，暂作假投，以图再起。

同治八年（1869），王氏家族迁出瑶白。是年湘军席宝田、李光燎发兵平息张、姜之乱。

光绪元年（1875）10月20日，立记述碑，记述张、姜部造反之部分史实。

光绪十四年（1888），立"定俗垂后碑"，改革婚俗，革除"姑舅表婚"，反对强制婚姻，借婚姻勒索财物，提倡婚事从俭的过程及规定。

光绪十五年（1889），龚文昌到湖南拜师学汉戏，组织梨园太和班，为瑶白大戏祖师。

光绪十七年（1891）9月初九日，旺地冲失火，延烧房子150多户，滚乔荣一人死难。

光绪二十年（1894）9月24日，后龙冈失火，烧房子80多户。

光绪二十六年（1900），建文昌阁于玉獭山腰。

宣统二年（1910）10月，总理滚荣清等请饬于黎平府主傅良弼批准，登文集市开市。

**中华民国**

1913年11月8日，三江九寨团防总局（又称总公所）成立，召开首次乡民代表会，制定四十多条治安条规。

是年7月16日，颖钟冈失火，延烧上寨50多户。

1914年1月，废开泰县，复锦屏县，隶属贵州省黔东道，黎平府直属东北路14寨（归引、得脑、平敖、彰化、王寨、茅坪、平秋、石引、高坝、皮所、魁胆、黄门、小江、苗白）为锦屏县基本行政区域。

1916年，瑶白修筑寨头至登文西优高集市花阶路。

1918年10月27日夜半，天柱六里匪首蒙玉亭率匪徒百余人深夜绕道北方圭嵌杉林而入哨棚，烧毁哨棚而杀哨丁滚路柳，入寨掳劫，当时龙德清，滚宁朝、滚杨氏爱梅，中敌弹死亡。

1918年10月，瘟疫流行，黄病瘁生，染疫者不半刻而丧命亡身，死者百余人。

1919年，因大小牯节耗资甚巨，政府明令禁止举办。

1919年8月，痢疾盛行，死者80余人。

1920年，申办锦屏县第一区第六国民小学，基金由本地屠宰税、斗息捐开支。实行四年制教育。

1921年秋，龚志云参加王天培部队北伐，任副连长，王天培蒙难后，龚回故里归田。

1926年，瑶白设乡，辖彦洞、救民、登宜、仁里等村。是年基金提归政府，学校停办。

1930年，改团防总局为区，改团防分局为乡和镇。

1932年9月25日，下寨后龙冈脚失火，烧150多户，罗女路劳及其孙女2人被烧死。

1935年7月至11月，天花流行先痢后痘，亡者二百余人。

是年8月30日，上寨失火，烧30多户。

是年，锦屏县改乡镇为联保，九寨联保有11个保，瑶白属第九保，辖13甲，其中罗乃一甲、采芹三甲、登宜二甲、瑶白七甲。

1936年，匪首欧阳玉廷率匪徒深夜入寨劫掠，损失重大，滚正录、滚玉林被枪杀。

1937年，开办短期小学。

1940年，开办保国学校。

1942年，建新木质校舍于龙宝冈。

是年各保改为村，隶九寨乡。

是年撤联保建乡镇。

1943年，天灾流行，蝗虫为患，赤地千里，收获只有十分之二三。

1944年，米价昂贵，人民挖蕨根淘芒巴度日。

1945年，天花流行，接着又发霍乱，死百余人。

1949年，保校停办。

**中华人民共和国**

1950年1月和平解放，沿旧制九寨乡建制，保改为行政村，瑶白为第九村，成立农协会，设主席1人（龚老七—杨七太—滚生发）。

是年4月锦屏土匪叛乱，姜培俊带兵骚扰，吊羊，杨光干被捉为人质，用14头牛换回。

1951年3月，锦屏第二次解放，接着清枪清匪，开展剿匪运动，建村政组织，设农会主席1人（滚正邦），村长1人（龚志全）。

是年6月，9位青年参加志愿军抗美援朝。

是年9月，积极征粮，县政府授予"征粮模范村"。

1952年7月至8月，进行土地改革，划分地主、富农、中农、贫农、雇农等阶级成分。

1953年，开展减租减息。3月，区划调整，九寨大乡划为5个乡，瑶白隶属彦洞乡。

1954年，开办瑶白小学一年级。

1955年，办互助组。

1956年，由互助组联合组建农业生产初级合作社，有安丰社、引旺社、八一社、金德社。开展土地、耕牛、农具、山林入社工作。

1957年，获林业部表彰为"林业先进单位"。

是年4月，国家实行棉布计划供应，每人定量0.9丈。

1957年，全村初级社合并为安丰高级农业生产合作社。开办集体大食堂。

1958年1月，"彦洞乡"改为"彦洞工区"。

1958年，宣传"大跃进"口号，兴修盘托朵至盘引荡马路。

是年冬，组织青年突击队，日夜奋战，修筑便分水库。

同年，获贵州省政府省长周林颁发的"林业先进单位"称号的奖状。

1959年8月,"彦洞工区"改称"彦洞管理区",瑶白与彦洞合为一个核算单位。

1959年至1961年,3年连续自然灾害,粮食减产,患浮肿痛和妇女病的人数增多,生活水平下降。

1961年,瑶白改为生产大队,辖8个生产小队,隶属彦洞公社。

是年,大食堂下放到小食堂,不久解散到户。

是年,为缩小教育规模,小学停办。

1962年,上寨(平建)发生火灾。

1964年,新建校舍于原址。

1964—1965年麻疹大流行,涉及200余儿童,经治疗痊愈。

1965年,开展"农业学大寨"运动,集体开垦农田。

1966年,大队建九细电站,每小队抽1至2人长期在工地施工、吃住。

是年开办老甲林场,进行造林、抚林、育林。

1967年,电站建成,安装20个千瓦水轮发电机发电,供农户照明。

1968年,家家户户安上小喇叭,收听广播。

1969年,大队办合作医疗,每个小队有一名卫生员。

1970年1月,共派8人(每小队1人,在生产队记工分)参加锦屏民兵团,赴湘黔铁路凯里工段参加铁路建设,历时一年半。

1970年10月6日中午,遭特大火灾,受灾232户,全村只有两户幸免。

1971年,重建新校舍于旧址。

1972年夏,久细电站被洪水冲毁,继而兴修勇洋电站。

是年,大队又创办五四林场、冲横林场、下应林场,大搞植树造林、绿化荒山。

是年,小学恢复完小编制。

1973年,又开办盘岑三林场。

1974年，由各生产队抽调劳力组建锦彦公路民兵团，兴建锦彦公路。

1976年，原校舍窄小，重建一幢木质教学楼（一正两厢，七个教室，一个礼堂，四人教师宿舍）于步行乐。

是年9月18日，全村男女老少臂戴黑纱，集中彦洞公社门前大坪聆听中央台直播追悼毛泽东主席大会的实况。

1977年，锦彦公路竣工通车，3月22—24日集中彦洞公社参加庆典。

1982年10月，确定集体山林管理责任制的林业"三定"（即林权、自留山、责任山）工作。

1983年，边远少数民族公社实行女生免费入学，小学学生入学率达100%。

1984年2月，生产大队改为村民委员会，辖9个村民小组。村委会由群众选举产生，第六组划分为第六、第七小组。

是年，普及初等教育验收达标。

是年，修建人畜饮水工程，由重故引道辅水管引水至村里。

是年8月18日，与九勺发生山林纠纷，死2人（杨安华、杨胜芳），伤多人。

是年，集体山林分到户，政府发给使用证。

是年11月，扫除青壮年文盲验收达标。

1986年，颖钟冈晚上被烧，死5人，受灾127户。

是年，政府取消粮食计划订购任务。

1987年9月，村民开始照相办第一代身份证。

是年10月20日，瑶白定俗垂后碑列为县文物保护单位。

1990年初，举行第一届村民委选举，耿生操当选村民委主任（兼民办教师）。

1992年冬，开始勘测兴修登宜至瑶白段公路。

是年，撤区并乡镇，全县分为7镇15个乡，瑶白隶属彦洞乡。

是年，实施农网改造高压线一期工程。

1993年底，举行第二届村民委选举，杨俊辉当选主任。

是年，夏琼吉耿家2户被禄。

1994年，兴建小学砖混结构教学楼一期工程。

1995年8月29日（农历八月初四），登宜至瑶白段公路竣工通车。

1995年12月19日14点半左右，颖钟冈失火被烧12户。

1996年初，选举第三届村民委选举，杨俊辉连任村民委主任。

1998年冬，冰雪连降，积雪过重，农网电线、电杆被压断，导致停电三个月。

是年底，举行年四届村民委选举，杨安显当选主任。

是年，通过了"普及小学实验室"达标验收。

1999年正月13日晚，黄门村青年王XX纵火，下寨被烧80余户，死3人。

2000年9月，小学砖混结构教学楼二期工程竣工，并举行竣工庆典。

2001年底，举行第五届村民委选举，杨俊然当选主任。

2002年，瑶白被列为扶贫开发贫困乡之二类重点贫困村。

是年，正月初八，瑶白又过摆古节。黔东南州旅游魏局长、州风景管理处石怀信处长、州文化局陆景川副局长、锦屏县程安榕副县长、县委宣传部杨绘春部长等领导莅临观光考察，贵州省电视台记者、省广播电视大学音像出版社专家等媒体到来采风。

2003年，人饮消防工程维修。

2004年，全村接通程控电话86部。

是年1月，县人民政府、县林业局实施对归应溪（东抵归便、南抵瑶白寨边、西抵彦洞电站、北抵仁里寨脚老甲林场）的退耕还林工程人工促进封山育林，封育年限为五年。

是年12月20日，举行第六届村民委员会选举大会，选举产生主任1人，副主任2人，委员4名，范华昌当先主任。当天还进行第六届妇代会选举选出主任一名,副主任一名,委员三名。

是年建村两委办公室,是年新建斗牛场于美秋坳。

2005年修建摆古楼。

是年,瑶白被列为黔东南州重点的民族文化旅游村寨。

是年,获县政府颁发的"文明村寨"称号。

是年,旺地漏电起火被烧4户。

2006年5月18日,用挖掘机从瑶白开挖"彦—瑶—九"公路,至10月18日开挖基本结束。彦洞至瑶白线路长4公里,并开挖通引毛段通组公路。

是年9月份2日晚,龚秀松家漏电起火被烧。

2007年5月,摆古节入选贵州省省级非物质文化遗产名录。

是年春,全县实行林改,乡林业站李茂林站长等在瑶白勘察,落实山林权属。

是年秋,施秉至黎平贤令山550千伏两组(A、B)线路从瑶白通过,铁塔地基开挖,2008年夏输电线路竣工。

是年7月27日,贵州民族学院师生一行在民宗局领导陪同下到瑶白村作一周的非物质文化遗产普查。

是年11月6日,黔东南州政协主席粟多能一行在县政协主席朱汉琴等领导陪同下,到瑶白村观光考察,进行非物质文化调研。

是年底,第七届村民委换届选举,杨俊然当选主任。

是年冬,罕见的雪凝灾害给人民带来诸多损失。2008年1月13日公路交通中断、电杆折断,民用电及电话相继中断。

2008年2月29日,村民抬电杆安装,黔南州工程队帮助架设电线。

是年3月2日,电灯恢复。

是年,瑶白被列为扶贫开发整村推进村,实施扶贫综合开发安排11个项目,投入资金87万元。其中国家投入46万元用于环境综合治理工程(饮用水源保护、排污沟及沉淀池、垃圾箱及垃圾填埋场、摆古场及步道铺设)。

是年摆古节，锦屏县人民政府县长袁尚勇、副县长闵启胜、县纪委龙书记、县人大常委会龙立俊主任、县政协王明相副主席及各部局领导莅临观光考察。

2009年2月6日，瑶白环保综合治理工程开工，于同年4月25日竣工。

是年6月，在上级部门的支持下，瑶白村办起了"农家书屋"。

同年6月，实施电网加固改造工程。同年6月20日贵州省人大常委会杨序顺副主任一行在县政府、县人大、县政协领导陪同下到瑶白村调研。

同年7月，实施"农民文化家园"项目。

同年7月，实施五个消防池建设。

同年重阳节，上级投资8.9万元，续修大寨花街道700余平方米，开工。

同年十二月，耿生茂赞助瑶白小学教育基金2万元。

2011年，彦洞到瑶白通村公路硬化。

2011—2012年，完善村内步道鹅卵石铺设。

2014年，寨门、议事长廊、民族歌楼、太阳能路灯、青石板步道建设完成。

# 瑶白咸同战事记述碑[①]

……时也，御敌莫恃乎立威，立威莫恃乎齐众，齐众莫恃乎于一心。窃我苗白寨，界虽距近苗疆，地固属乎黎阳。肇自先祖卜居以来，莫稽其始，久荷盛朝之荣，草木同沾，凡我黎民，践土食毛，固不识不知于何有矣。不料咸丰五年台苗厌治，里串清江，肆行滋扰。我遵奉黎平府多文明饬办联络各寨团成一款，贫力富资，造炮振枪，在于黎边之验洞、洞庭建设防堵以保身家，弃诗书操矢扬刀，荒耕凿披坚持锐，迨至苗匪攻卡，与贼抵敌不下百有余阵，获安无恙。殊至同治元年苗匪串合柱逆破陷天柱，九寨四面受敌，独立苦拒又无山川之险，又无犄角之形，虽有府县之黎平，遥阻难救，虽有瑶光之三营，自顾不出。然信人人丧胆，个个亡身，自旦至夕，击之不退，怎奈药完铅尽，鼓衰力竭，难支败走。快者作他乡之客，慢者做无头之鬼。万物俱为贼有，屋宇已成灰飞。事属为国为家，各自听天听命。既烧之后我等逃入瑶光三营，尤有斗心，皆云贼虽占我田土，朝廷有问罪之师；贼虽戮我人民，皇天有震怒之报。于是精神再抖，戈矛复兴。一则以克田土，一则以图报复。幸有塘东姜沛霖，苗内李国梁同请黎平府主袁施帮口粮，又蒙各大宪整兵征剿九龙山，我等乘势得归。只期由此渐图而望永安。孰知各宪退后将及一载，至同治三年，苗匪又破天柱，我等又遭一次，苦不可言。切我居民系以耕为活，守本食国，约我同人抽田派户，复归耕作。可恨逆苗计毒非常，我等耕蓐之时一影不到，直待谷熟之后，一鼓割光。我等仰面空嗟，气尽力穷难作准备，苗匪围山搜杀，又遭一次。哀鸿遍野，死臭难闻。贼氛稍散，我等又奔府辕请兵救急。蒙府主徐批

---

[①] 此碑现立于瑶白村办公楼对面、摆古场旁边的山坡下，碑文收录在《彦洞乡志》（内部资料，2012年12月刊印）。

谕，筑屯暂保，大兵未曾就来，我等只得携眷属择险于引龙山以俟兵援。复经一载未蒙有救，力虽未疲而日食莫济。至同治四年十二月二十一日，不意又遭小广滥徒杨大伍勾结江口屯叛逆陈大王伙党乘虚夜入，又遭一次。被围烧身者百无一活，逃出脱命者十伤八九。可怜我等被烧之后，逃在他乡或野外而穴居，或依人之宇下餐食也渡一日，单衣亦逾三冬，年虽丰而啼饥，冬甚暖亦号寒，少者气壮尤可活残生，老者力衰无辜而作饿孚，野菜和茎无处采，生柴带叶亦难寻。闺阁之女流荡于江湖，科第之才也埋没于道路，亲死子不能葬，妻去夫不能留。尤痛者割褓褓之爱，弃儿于道有谁拾，失杖履之随委身在地任贼鹹。切我边民遭此惨祸，皆由清台苗性犬羊忽焉难驯，破城池，戕官吏，视为寻常，毁屯堡，踏乡村，将作戏耍。夺田土为己有，掳货物作生涯。欺蔑神像轻若鸿毛，荼毒生灵歼同蝼命。挖坟掘墓，暴尸骨于荒郊，泛造旗帜，称王号于草野。擅据江口阻塞大川之利，屠灭烟户壅断通衢之行。更可恶者，当父淫女，对夫辱妻；烈妇被擒欲死而不得死，凡民抄掳求生而不得生。妇女含羞，泪落时逆流长江之水，男儿饮恨，哼声处摇动华岳之山。彼时清台之地尽属贼巢，黎边之民先遭贼害。所仰兆宪曾数由八弓所来川师，奈久困于金竹，是以苗久持困而自为得，势如风吹野火益烧益宽。我等欲挫其锋，似水浪浮萍，愈逝愈远。只又招集残数于同治五年恳请归种章程，幸蒙黎平府主徐，不忍百姓滞他乡，招归里，不已饮忍含羞，暂作假投之计，以图报复之阶。守至同治七年，恩蒙席大人统兵由八弓剿洗寨头一带，李大人亲由冷水三汊攻开江口贼，使民屯粮于大广，弋师威镇于南加，小广滥苗远遁，青龙逆匪归服，始脱蹂躏之灾，方见太平之世。居后苦守者人虽在恐名难留，于是勒石刊碑，以垂万古不朽。俾我地方捐金劳力者，前后同歌舜日，生死共见尧天。所谓圣会俎豆之事则尝闻之矣，军旅之事未之学也，是为序

府委乡正滚仕荣　　　　杨天祥题撰

　　再奉七言一律。诗曰：

从来生死不同途，只为功因两断由。
苗祸将兴鹤唳起，兵弋降境岁无收；
碗米价高七十整，壶酒议成百四沽。
堵敌办粮一般苦，是将前后名同留。

光绪元年十月二十日立碑

# 瑶白婚俗改革碑①

**定俗垂后**

盖闻嫁娶始于伏羲,然后有夫妇。有夫妇然后有父子,有父子然后有姑舅长幼之道也。娶妻如何?匪媒不得。惟有我彦、瑶二寨,姑抚有女,非有行媒,舅公估要;女不欣意,舅公要银数十余金,富者售尽家业以得为室,贫者绝灭香烟不得为家。兼同姓缔婚,无义无别,此等亦非礼也。康熙在位时用毛银,舅礼要银九两,申扣纹银贰两八钱以下。至嘉庆之间用色银,舅仪要银十二两,扣归纹银六两。同治之岁,苗匪作叛,父离子散。难以度日,鞠育有女,不用冰人,至舍饭一餐就成缔偶。迨光绪以来,得升平之世,曾用宝银,女嫁男婚,不得六礼,舅仪勒要纹银数十余金,你贫我富,屡次上城具控,总是舅公估要姑女之事。府主俞爱民如子,睹见斯恶俗,要首等上城当堂领示禁改,则可剔斯舅仪,方得仁里勒石垂后,永定乡风,遗存千古。是为序。

钦加盐运使衔补用道转授黎平府正堂铿鲁额巴图鲁加三级纪录十次俞。为出示严禁,永远遵守。示案据瑶伯寨总甲滚发保、滚天凤、滚必绿、范永昌等禀称,缘总甲等九寨地方,先辈甚朴。自清平后,各寨从古,凡遇养女出嫁之家,逐日张挪,齿积赔嫁首饰衣物等项,天下皆然。惟有总甲等二寨,养女出室,舅公要郎家礼银二十余金,出室受穷,舅公反富。倘若郎家穷困,并无积蓄,势必告贷;告贷不成,势必售产;穷者益穷,富者益富,祖遗薄产尽归于人。此等之规剔出,今欲依古从俭,公议上户出银伍两,中户出银肆两。下户出银叁两,不过以

---

① 此碑现立于瑶白村办公楼对面、摆古场旁边的山坡下,1989年10月20日被列为锦屏县文物保护单位。碑文收录在《彦洞乡志》(内部资料,2012年12月刊印)。

作订亲之仪，并不以买卖相似，可省则省，概从节俭，两寨较比，嗣后家家有婚有嫁。至于天下嫁姻，本系大礼总以凭媒撮合，年岁相当，愿亲作亲方成佳偶。惟有总甲二寨之风，周礼不成，六仪未备，或大十岁、二十余岁不等。舅公估要女转娘头，若女不喜之心，不由媒说，随同后生私走，或去日久未回，舅父要女匹配，或搕数十金，或以拐案呈控，或将屋宇拆毁。此等地方恶俗，总甲等难以挽回，公同邀恳赏准出示严禁。嗣后愿亲作亲，免致舅公需索，依示遵行等情到府。据此，除批示据禀该总甲等各寨地方，凡嫁女者，必有舅公礼，需要银二十余金，并有女转娘头之俗。以致女家因此穷困及婚姻不和等情。查舅公礼系该寨遗风，然亦何得需此多金，自应酌定数目所标，分别下、中、上等户各色，定以三至五两之数例属，酌中办理，自可照准，至于舅家之子必娶姑家之女，谓之转娘头，此事原干禁例，现虽听从民便，然亦需年岁相当，两相情愿方可办理。若不论年岁必须估娶，势必滋生事端，此等风俗，均应极力挽回。该甲等所禀，自系为地方起见，候即如禀出示晓谕可也，外合行示谕。为此示仰该寨人等知悉：自示之后。仰即遵照此次批示，凡有所谓舅公礼者，必须分别上、中、下三等。祗准自三两起至五两止，不得再行勒索多金；至于姑舅开亲，现虽在所不禁，然亦须年岁相当，两家愿意方准婚配，不得再行仍前估娶。此系为地方风俗起见，该民等务各遵照办理，以挽颓风而免滋事。倘有不遵，仍前勒索估娶，或经查出，或被告发，定行提案严究不贷。其各禀遵毋违。特示。

　　右谕通知
　牌长　滚玉宁　滚金珠　滚万一　滚正魁　滚秀全　龚文举
　　　　滚锦添　滚昌文　滚开计　滚玉乔　滚永清
彦洞寨同事总甲　罗天德　王成福　罗观保　黄启得
牌长　周焕文　周三继　龙启贵
　　彦洞周启泰撰
　　师夫伍玉顺刊
　　　　　　光绪拾肆年十二月初五日　　实贴瑶白晓谕

## 瑶白养练碑①

　　窃思普天之下莫非王土，率土之滨莫非王臣。迄今圣朝雅化，市野咸歌，共沐豢养之恩，同享清平之世，百有余年未闻叛锋。不料乙卯之夏维苗作乱，涂炭生民，茫茫下域一带地方，纷纷猖獗，惨莫可言，攻州击县毁汛戕官，损丁丧命，倾寨烧村。于丙辰仲秋，患及小广附近，我等边隅，屡屡攻卡，民不聊生。若非防范，祸起萧墙。即我黎郡开僻以来，干戈未振，突因逆苗四起，屡蒙各宪示谕设卡堵守抵御，凡我子民敢不遵崇，现奉府主扎饬我等九寨，虽未经叛匪攻击，联络设城，其各上户给粮养练，轮流巡卡，贫富均平。令我苗伯寨贫民共计一百三十三户，同心协力共制枪炮子药，并造大小战旗，临阵出队踊跃同心，军务既整，勒石纪公，以志不朽。兹将姓名开列于后。

府正堂军功首士　滚才发

（捐银名单略）

咸丰八年丁巳孟春　穀旦　立碑

---

① 此碑现立于瑶白村办公楼对面、摆古场旁边的山坡下，碑文收录在《彦洞乡志》（内部资料，2012年12月刊印）。

# 仁丰与瑶白讼粮碑①

**流芳不朽**

计抄古州道宪堂判一纸

布政使衔署理贵东兵备道总理下游营务处马　勤兴额巴图鲁　维

案据讯苗白寨民滚万钟以骗粮争地等词,控平归仁寨之姚朝海、张玉清等一案,缘姚、张两姓系明洪年间前来黎平,落业平归仁寨。嘉庆陆年,经滚万钟等之前人滚得宗等控告姚朝海之前人姚定五等,以横霸欺主,旋断旋翻等词,经黎平府程守断结,数十年来相安无事。当咸丰年间变乱之时,各寨均抽款养练,并不上粮。滚万钟充当首人多年,迨地方平定,遂起奸心,以姚朝海、张玉清等所居之平归仁系苗白子寨,苗白每年上粮银十五两,应由平归仁帮给。姚朝海称系高坝子寨,每年平归仁同高坝花户共上粮银十五两二。比各执一词,皆无一定凭据,讼至多年,官经多任,案悬莫结,此滚万钟等所捏骗粮之情迹也。平归仁寨后之归则山,为姚、张二姓管业多年,今滚万钟亦以粮系滚姓祖业,前经程太尊堂判有案,所栽树木,当照乡例摊分,并抄雍正、乾隆年间各姓讨种山地栽树葬坟之约及程前府堂判,虽姚张两姓称有约,据滚万钟亦以为假造,须细看程前守旧卷图说,乃得泾渭攸分,此滚万钟捏控争地之一精迹也。故黎平府邓守已经断结,滚万钟等复敢迭次翻控于院司及本道衙门,经年累月,未能剖断。查黎平府邓守所断,极为平允,滚万钟之所以不遵依此案,不给每年皆得派各花户讼费,又经手上粮,各花户所凭滚万钟索取,云多则多,云少则少,惟滚万钟所得,每年不

---

① 此碑现存于仁丰村,碑文收录在《彦洞乡志》(内部资料,2012年12月刊印)。仁丰村另有"仁丰讼粮碑一块"。

下百余金,岂愿结案以自绝生财之道乎。苗白寨之各花户,以积威之渐听其号令,不敢与较;且又为其所愚,以为争得一场可以瓜分,争得帮粮则本寨之粮可以减少,故受其指挥,一唱百和矣。本道提审此案,已深知其中情形,谕令委员履勘两寨田亩,某人名下之田,收穀若干,应上粮银若干,即以两寨每年共上粮银叁拾两,收穀多寡均摊,于两寨之田如此办理,两造皆遵依具结以为公允,即何寨应上粮多,何寨应上粮少,均无所悔等语。高坝寨之田与清江所属多有插花,姚、张等姓并买有清江所属之田,令出具甘结,如有以黎平所属之田妄指为清江厅所属,朦蔽委员,即将所属之田充公,作为苗白寨人上粮,于是委后补知县杨体仁知县用留、黔后补州判刘绍　唐二员同至该寨带同两造人等履勘某田若干,出穀若干,两造公同登簿,勘事后,即按穀之多寡分摊银叁拾两、于两寨各花户名下,殊滚万钟不愿结案,禀请委员须将高坝、平归仁两寨所有田产并清江所属之田,一并履勘摊粮,经委员申饬,谕以清江之田自当上粮,清江不能一田两粮,复与黎平所属之田共摊粮银,于是滚万钟设法阻挠,来道呈控以姚朝海等朦蔽委员,有数处之田并未履勘等语,及提讯问,乃不能指出地名田丘,一味骗耐,仍系以清江之田未能同摊黎平之粮等语,经本道惩责拘押,令其传唤苗白寨人众来道,谕以利益,晓以道理,将两寨穀石粮数造册,发给每寨一本,每户各发给粮挥一张,并将粮册挥底以后造册自封投柜,不得为滚万钟等所愚,以致格外多费。两造悦服具结领册领飞,以后永远照此办理,至所争平归仁寨后之圭则山,查阅嘉庆六年程前府所断老卷内载地图签贴,分明系王绍和买滚姓之坡,姚朝海、张玉清等执有嘉庆二十四年买约,系黄门寨王长岩、王昌显等出卖,滚万钟等并无凭据,凭空妄告,应断归姚张两姓管业,当堂质之,滚万钟等皆俯首无词,心平愿意遵断,两造各具结完案,惟滚万钟希图营私,便已敛钱,妄控拖累众人数十年之久,不治以应得之罪,无警其将来,着押回黎平府照武断乡曲治罪可也。此判。

光绪九年十二月初九日,判并抄发黎平府及两造各执壹张永远为据，并一面详咨院司报结存案。苗白寨田丘壹共叁仟叁佰贰拾贰担玖拾叁斤，粮银壹拾玖两壹钱七分，高坝田丘壹共壹仟八佰柒拾柒担贰拾捌斤，粮银拾两零捌钱叁分，壹百斤银五厘七毫六系九忽，每户各发给粮挥一张，并将粮册挥底檄发黎平府存案，以后该两寨花户上粮照挥。

石引信士：陆士泰　刘开贤

验洞信士：周高升

信士：石现麟　题撰

# 2015年瑶白摆古文化节赞助名单[①]

| | | | |
|---|---|---|---|
| 锦屏县政府 | 30000元 | 锦屏县邮政局 | 20000元 |
| 黔东南州林业局 | 15000元 | 锦屏县民宗局 | 2000元 |
| 锦屏县水务局 | 1200元 | 锦屏县委宣传部 | 1000元 |
| 锦屏县武装部 | 1000元 | 锦屏县住建局 | 1000元 |
| 锦屏县林业局 | 1000元 | 锦屏县旅游服务中心 | 1000元 |
| 锦屏县政协 | 500元 | 锦屏县投资促进局 | 500元 |
| 锦屏县扶贫办 | 500元 | 锦屏县财政局 | 500元 |
| 锦屏县民政局 | 500元 | 锦屏县检察院 | 500元 |
| 锦屏县侗学会 | 500元 | | |
| "中国节日影像志·摆古节"田野调查队 | | | 2000元 |
| 彦洞乡信用社 | 1000元 | 彦洞乡卫生院 | 600元 |
| 隆里乡政府 | 600元 | 黄门村委 | 1200元 |
| 彦洞村委 | 1080元 | 平略八阳村委 | 400元 |
| 平秋晓岸村委 | 300元 | 九勺村委 | 500元 |
| 登宜村委 | 400元 | 仁丰村委 | 500元 |
| 救民村委 | 500元 | 仁里村委 | 500元 |
| 中国移动公司 | 15000元 | 贵州森博公司 | 3000元 |
| 贵州宇之源科技公司 | 2000元 | | |
| 贵州玉榧地产(杉恋水岸) | | | 2000元 |
| 九寨加油站 | 1500元 | 贵州怡邦园林绿化公司 | 2000元 |

---

① 捐款数据来自笔者调查期间筹委会公布的榜单。为行文规范,排列顺序有所调整。若有遗漏,敬请谅解。

| | | | |
|---|---|---|---|
| 双虎家私 | 1000元 | 玉锦置业公司 | 1000元 |
| 隆里古城指挥部 | 1000元 | 锦屏县协和医院 | 800元 |
| 锦屏本辉家电 | 100元 | 贵州方正公司 | 200元 |
| 宁波机安电缆 | 2000元 | 球服 | 12套 |
| 先驹家俱公司 | 1000元 | 纪念杯 | 50个 |
| 清水江民族风情园 | 1000元 | 矿泉水 | 30件 |
| 牛协服装 | 50件 | | |
| 贵州星宇烟花公司 | 烟花568个 | 球服 | 10套 |
| 彦洞姐妹花矿泉水 | 10件 | 雪花啤酒 | 纪念服25套 |
| 彦洞周礼慧矿泉水 | 2件 | | |
| 瑶白回娘家队 | 6800元 | | |
| 黔东南州建第一分公司吴世平董事长 | | | 10000元 |
| 顺胜铁工货公司杨秀清董事长 | | | 10000元 |
| 隆里古城项目部周长春 | | | 2000元 |
| 九寨加油站耿旭 | 2000元 | | |
| 向正雄 | 2000元 | 耿明刚 | 2000元 |
| 范菊娣 | 2000元 | 杨世钊 | 1000元 |
| 谌彩红 | 1000元 | 范国波 | 800元 |
| 林育松 | 600元 | 龙建煊 | 500元 |
| 王必忠 | 500元 | 耿生操 | 500元 |
| 范华权 | 500元 | 彭现翠 | 500元 |
| 彭太超 | 500元 | 彭现权 | 300元 |
| 滚兰焯 | 300元 | 耿生芝 | 200元 |
| 林世峰 | 200元 | 张绪圣 | 100元 |
| 龚秀英 | 100元 | | |

## 2015年六月六民歌协会捐款名单

| 杨代梅 | 500元 | 杨俊引 | 100元 |
| --- | --- | --- | --- |
| 杨俊冬 | 500元 | 滚兴辉 | 100元 |
| 杨安梅 | 200元 | 滚吉兰 | 100元 |
| 范菊金 | 200元 | 滚显汉 | 100元 |
| 滚显锋 | 200元 | 滚兴芳 | 100元 |
| 杨俊标 | 100元 | 王玉梅 | 100元 |
| 滚兴钊 | 100元 | 龙先权 | 100元 |
| 滚明英 | 200元 | 杨梅桃 | 100元 |
| 滚明超 | 100元 | 龚富枳 | 100元 |
| 耿生肖 | 100元 | 杨顺炳 | 50元 |

银鹭公司赞助5件花生牛奶

瑶白村民歌协会
2015年7月24日

# 后　　记

记得那是 2015 年 1 月 15 日，我们一行人一大早从贵阳驱车出发，历经十个小时的山路颠簸，终于到达了九寨侗乡腹地的瑶白村。这是我初次对侗族村寨做田野考察，来自华北平原的我，对大山里的一切充满着好奇。第一次吃到侗家饭，听到侗家歌，当然也是第一次尝到侗家米酒的威力。瑶白人特别热情好客，每次晚宴都盛情难却，不醉难归。那次田野考察不仅收获了丰富的田野资料，更收获了我与瑶白人愈久弥新的不解之缘。

没过几个月，我从文化部民族民间文艺发展中心申请的"中国节日影像志·摆古节"课题喜获立项。特别幸运的是，2015 年恰逢瑶白摆古节的大摆之年。7 月初，我带领课题组拍摄团队再次来到魂牵梦绕的瑶白村，对摆古节进行了全程拍摄。小山村，大节日，摆古节中的神圣与热闹再一次深深地震撼了我。古老的长桌摆古，庄严的秉宗祭祖，激烈的鞍瓦斗牛，美妙的侗族大歌，无不令人流连忘返。此后，我又连续两年跟踪拍摄了摆古节，呈现在读者面前的这本小书便是这几次调查的成果之一。

本书的出版首先要感谢文化部民族民间文艺发展中心对"摆古节"课题的资助，没有该课题的资金支持，我的田野调查很难完成。尤其要特别感谢原文化部民族民间文艺发展中心主任李松研究员。2015 年 11 月，李松研究员曾前往瑶白考察，对当地朴实的民俗民风和深厚的文化底蕴印象深刻，从那以后，十分关心瑶白，每次见面都会与我谈及它的发展。当我拿着这本小书忐忑不安地请他写序时，他欣然应允，提携后学之心，令人动容。导师张士闪教授，在本书写作中给予许多具体指导，在此特别致谢。此外，还要特别感谢贵州省人文社会科学重点研究基地贵州师范学院中国山地文明研究中心主任、中国人类学民族学研究会山地民族研究专业委员会主任龙宇晓教授邀请我参加贵州山地研究院山地人文社会科学部世界山地文明比较研究中心的建设计划，将此书纳入贵州山地研究院山地人文社会科学部和贵州师范学院中国山地文明研究中心主持的"中国侗族研究丛书"出版计划，并给出了许多指导意见，若没有他对全书写作框架的指导、不厌其烦的反复敦促，以及不断的鼓励推动，书稿恐怕难以如期完成。

最应该感谢的是善良朴实的瑶白人民，是他们热情地接纳了我这个"不速之客"，并让我在瑶白找到了家的感觉。原瑶白村两委滚兴焯、滚明焰等人在调查期间给予了大力的帮助，让我们的工作开展的无比顺利；本书的第二作者杨安亚老师在调查期间贡献了大批资料；滚明建为本书提供了大量的照片；杨俊汉、滚昌州、滚兰均、耿生东、耿明怀、耿明竹、耿生辉、滚兴西、滚明豪、滚明榜、范嗣梅、杨肇英、杨秀岁、滚吉兰，以及许许多多未来得及询问名字的村民们，都在调查期间提供了大量帮助，在此一并致谢。

瑶白人自称是大山的儿女，在六百余年的村寨发展历史中，他们披荆斩棘，百折不挠，从未停止过追梦的步伐。曾经的蛮荒之地如今已变成青山苍翠、古树参天的"金山银山"，村舍田畴，别有洞天，仿佛人间仙境，世外桃源。就让这本小书成为瑶白人安居乐业之梦的一个记录吧。

李生柱
2019 年 8 月 8 日
美国麻省剑桥市